中华爱国人物故事

ZHONGHUA AIGUO RENWU GUSHI

踏遍青山人未老的李四光

曹冬梅 闻珺 编著

吉林人民出版社

图书在版编目(CIP)数据

踏遍青山人未老的李四光 / 曹冬梅, 闻珺编著. --
长春 : 吉林人民出版社, 2011.5
(中华爱国人物故事)
ISBN 978-7-206-07826-2

Ⅰ.①踏… Ⅱ.①曹… ②闻… Ⅲ.①李四光(
1889～1971) - 生平事迹 Ⅳ.①K826.11

中国版本图书馆CIP数据核字(2011)第075716号

踏遍青山人未老的李四光
TA BIAN QIANGSHAN REN WEI LAO DE LI SIGUANG

编　　著:曹冬梅　闻　珺
责任编辑:葛　琳　　　　　　　封面设计:七　洱
吉林人民出版社出版 发行(长春市人民大街7548号　邮政编码:130022)
印　　刷:鸿鹄(唐山)印务有限公司
开　　本:670mm×950mm　　1/16
印　　张:8　　　　　　　字　　数:70千字
标准书号:ISBN 978-7-206-07826-2
版　　次:2011年5月第1版　　印　　次:2023年6月第4次印刷
定　　价:35.00元

如发现印装质量问题,影响阅读,请与出版社联系调换。

总　序

胡维革

　　《中华爱国人物故事》是一套故事丛书。它汇集了我国历史上80位古圣先贤、民族英雄、志士仁人、革命领袖、先进模范人物的生动感人史迹，表现了作为中华民族优秀传统的伟大的爱国主义精神。

　　爱国主义是人们对于"生于斯、长于斯、衣食于斯"的祖国的一种神圣感情，是人们对于自己民族的一种强烈的责任感和使命感，是感召和激励整个中华民族的一面永不褪色的旗帜。在漫长的历史上，爱国主义一直激励着中华儿女为祖国的独立、统一、进步和繁荣而英勇奋斗。从伟大的思想家教育家孔子到统一全国的千古一帝秦始皇，从秉笔直书著《史记》的司马

迁到鞠躬尽瘁死而后已的诸葛亮,从伟大的浪漫主义诗人李白到精忠报国的民族英雄岳飞,从七下西洋传播友谊的郑和到抗击倭寇的民族英雄戚继光,从苟利国家生死以的林则徐到为变法流血的第一人谭嗣同,从威震敌胆的抗联将军杨靖宇到人民音乐家聂耳与冼星海,从踏遍青山人未老的李四光到万婴之母林巧稚,从县委书记的好榜样焦裕禄到情系雪域献身高原的孔繁森……都表现出了强烈的爱国主义精神。正是由于热爱祖国的人们前仆后继地奋斗,国家和民族才得以生存,历经一次次历史危急关头而能转危为安,走向兴盛和富强,从而屹立于世界民族之林。爱国主义是鼓舞中华儿女历经忧患、跨越沧桑、百折不挠、自强不息的伟大力量,它贯穿于中华民族的整个历史,并有力地凝聚着五洲四海的中国人。

　　爱国主义是一个历史的范畴,在社会发展的不同阶段、不同时期有着不同的具体内容。革命时期,需要我们为祖国的独立自主出生入死;建设时期,需要我们为祖国的繁荣富强增砖添瓦;在全国各族人民团结一心建设富强、民主、文明、和谐的社会主义现代化国家的今天,我们要争做一名新时期的爱国者。新时期的爱国者要有强烈的民族自尊心和自豪感。民族自尊心和自豪感是任何时期任何爱国者都必须具备的情感。民族自尊心能增强我们自立向上的恒心,民族自豪感能树立我们建设祖国的信心。要树立"祖国高于一切"的崇高信念,为了祖国和人民的利益不惜抛却个人的利益,甚至不惜牺牲个人的生命。要树立终身学习的理念,拓

宽自己的知识面，广泛吸收新知识新技术，完善自身的知识结构，更新学习知识的方法与理念，从思想上、知识上充分武装自己，为祖国的繁荣昌盛贡献力量。

爱国主义思想的继承和发扬，是关系到民族盛衰、国家兴亡的根本问题。一代代人爱国主义思想情操的形成，需要不断地培养。培养爱国主义的一个重要途径是向爱国主义的英雄人物和典范事迹学习。这套丛书的出版，对于人们向英雄和先进人物学习，特别是对于在中小学生中进行爱国主义教育，将可提供一些生动的教材。祝愿此书出版发行成功，为培养"四有"新人做出贡献。

于 2011 年 4 月 23 日

世界读书日

中华爱国人物故事

编 委 会

目 录
CONTENTS

目 录 。
CONTENTS

石头风波

当你吃饭烧菜的时候，当你出门乘车的时候，当你开亮电灯的时候……你是否会想到制成这些东西的铁和铝、启动车子的汽油、发电的煤都是从哪里来的？你是否会想到那些跋山涉水、露宿荒野、身背仪器、手拿小锤子的地质勘探队员？如果没有他们的艰辛劳动，我们哪有现代生活，哪有现代化？

就在我们中国的地质勘探者中，有一个响亮的名字。

是他，在那世界一片"中国贫油"的论调中，独具慧眼，正气凛然地指明中国石油的源泉。

是他，走遍祖国山川，揭示了中国地质形成的奥秘。

是他，以敏锐的观察力，对复杂多变的地理现象作出科学的推理和判断，为人类正确认识地质构造开辟了一条新路。

是他，在人们对地震现象用尽非科学的方法解说时，力排众议，响亮地向世界宣告，地震是可以预报的。

他的名字就叫李四光。

李四光是我国杰出的地质学家，科技战线的一面旗帜。

李四光的一生是与地球打交道的一生，在他的住所，至今仍陈列着他生前从祖国各地亲自采集来的各式各样的石头标本。这些石头，仿佛一颗颗闪光的珍宝点缀在他人生之路上。我们的话题就从这里开始了。

李四光一生热爱石头，因为正是从这些形态各异的石头身上，李四光分析出地球变迁的历史和原因，也正是从这一块块貌似普通的石头身上，李四光找到了蕴藏在地下的宝藏。所以每次野外考察回来，他总是背一包各式各样的石头回家。开始，他的妻子许淑彬女士非常生气，因为她是一个喜爱居室整洁、环境优雅的人。可经过了一段时间，特别是石头风波之后，她的态度变了。她也开始热爱那些石头，像保护自己的孩子那样精心地照料它们。

那是1921年的一天，下班回来的许淑彬一进家门，被眼前的情景迷惑了。只见李四光蹲在石头中间一块一块地翻找着什么。

"仲揆（李四光的原名），你在干什么？"许淑彬略带责备的口吻问道。

这时，李四光才抬起头来，满脸的汗水。

他用衣袖擦了一下，说："我在找一块很重要的石头。就是前些日子我从大同盆地带回来的，我有用。"

"什么样儿的？"一听说丈夫在找一块有用的石头，许淑彬也着急起来，忙问。

李四光站起身来，一边说一边比画着石头的样子。

"啊？糟了，我拿它压咸菜后放在外边了。"许淑彬说完就跑了出去。

原来，前些日子许淑彬腌咸菜需要一块石头，可在北京城里到哪儿去找石头呢？她想了半天，忽然灵机一动，家里不是就有许多石头吗？于是，她从李四光的石头堆中挑出一块大小适中、有一个光滑面的石头做了压菜石。菜腌好后，她忘记了拿回去，放在了外边。

当许淑彬和李四光再到丢弃石头的地方寻找时，哪里有它的影子？

李四光看到自己心爱的石头没有了，非常生气，竟然冲着自己的妻子责怪起来。

"你怎么乱动别人的东西？难道连这点礼貌都不懂吗？那可不是一块用来压菜的石头，那是带冰川擦痕的漂砾，是科学的见证。"

从未见过丈夫发火的许淑彬感到委屈极了。她怎么知道那是如此重要的石头呢？自己做饭腌菜不也是为了这个家吗？李四光整日忙于工作，不到深夜不回家，对自己又尽了多少丈夫的责任？他的心中只有石头。想到这儿，鼻子一酸，眼泪竟不自觉地流了下来。

　　一见妻子伤心的样子，李四光又感到自己太过分了。他忙用手帕替许淑彬一边擦眼泪，一边劝道："是我不好，事先没有告诉你，我也知道你不是有意的。可是你知道吗，它是我找到的研究中国第四纪冰川遗迹的第一块标本。外国专家说我们中国没有第四纪冰川，可我可以证明他们是错误的。可惜现在只有标本的'遗照'了。"

黄冈市李四光纪念馆

许淑彬听着丈夫的话，感到惭愧、懊恼。从那以后，她更加尽心尽力地支持他的事业。

特别是那些石头，都精心地保存好。

一次，李四光应厦门大学邀请，前去做学术报告，内容是他第一次公开提出确定的地质力学。到场的广大师生惊喜若狂，千百双眼睛向着李四光投出敬佩的目光。报告以铿锵有力的洪亮声音向广大师生宣告：

"地质力学是在我们祖国地质构造的基础上确立的，它把地质学和力学结合起来，使力学进入地质学研究的领域，它可以研究矿产的分布、工程地质、地震地质，以及整个地壳运动的规律……"

话音刚落，听众为我国有了自己的独特地质理论又一次发出长时间的掌声。

厦门大学的学术报告刚刚结束，李四光又应邀到广西大学讲学。广西大学礼堂里，人们坐得满满的，李四光健步走上讲台说：

"今天我讲的是地质构造中关于岩石变形的问题。这个问题，首先要注意岩石力学性质，然后要考虑各种岩石对应力作用的表现。例如岩石的弹性、塑性、弹塑性、滞弹性等需要进一步结合地质现象做出岩石力学方面的实验，把各种岩石试样放在不同的条件下进行实验，可以了解各种岩石在不同的压力条件下试样变形、蠕变或破裂的反映。"这时他高兴地从口袋里掏出一个精致的小木盒，取出一个一寸多长、紫红色、中间弯曲成直角和纹路清清楚楚的小砾石，向大家说：

"请大家看，在这方面，大自然替我们做了丰富的实验，这块小砾石就是自然界遗留的珍品。"

听众蠕动起来，目光都集中到台上。

"我搞了这么多年地质，从来还没有见过这样引人喜爱的石头。石头虽小，但从它身上却能告诉我们许多知识，换句话说，它比宝石还珍贵。"李四光兴致勃勃地评价这块小砾石，并把它装在盒里递给台下要大家传看。学术报告结束了，小木盒被送了回来。李四光打开一看，惊呆了，小砾石不见了。

李四光拿着空盒子没精打采地回到家中，心里很不愉快，丢了这块小石头对他来说比丢什么东西都心疼，连饭也没心思吃了。

这块小砾石是他们考察雁山时，在良丰雁山村旁，由地质所的一位同志从第四纪冰碛和冰水沉积物中找到的。他捧着这块小石头，如获至宝，找木匠做盒子，把它保存起来，并写了一篇题为《一个弯曲的砾石》的文章，登在英国《自然》杂志上，他给这块小石头起了个"马鞍石"的名字。他认为这块马鞍石弯曲形变。正是显现出岩石的弹塑性和塑性的形变，这些现象表明，岩石

在极低的温度下（例如冰期时代的温度）所承受的压力在弹性范围内，经过漫长的地质年代，就可以发生塑性形变，对探讨岩石弹塑性能来说，意义重大。因此，李四光对它的丢失，心里非常难过，追悔莫及。

广西大学校方也很为难，聘请人家来讲课，却把标本丢失了。于是，八方寻找，后来终于把这块小石头找回来了。从此以后，李四光讲课时对重要的标本就不再那样传了，只能当面看。

有一年，华北地区由于天灾人祸，很多人饥寒交迫。北大的学生和教师自动组织起来进行救灾募捐活动。一天在北大礼堂举行募捐演出会，李四光同另一位教授随同人流来到礼堂，他俩并肩坐在前排。演出开始，帷幕徐徐拉开，台上一位20多岁的女青年开始演奏钢琴，琴声高昂激奋，旋律的起伏拨动着听众的心弦。此时，李四光想起自己在英国学过小提琴，曾经是自己劳累一天后解除疲乏的最好伴侣，悦耳的琴声使李四光陷入沉思。

"台上演奏钢琴的是谁？"李四光向身旁的那位教授问道。

"啊！她叫许淑彬，是女师大钢琴教员，还兼教英语、法语。"这位教授从李四光的举止神情和言谈中，看出了他的内心活动。

过后，经这位教授的介绍使许淑彬与李四光相识，两人相处中逐渐产生了爱情。于1923年1月14日，在一座简陋的小房子里，由蔡元培校长主持，举行了一个最简单和朴素的婚礼。婚后第二天，李四光就开始了他的工作。同年10月31日许淑彬生了一个女孩子，这给家庭增添了欢乐和幸福，但这并没能影响李四光的科学研究工作，他正全力以赴地开始向一门前所未有的边缘学科进攻。

时光流逝，李四光的女儿李林一天天地长大了。

李四光一家

她非常可爱、活泼。李四光非常喜欢她、疼爱她。小李林喜欢大自然中的一切，经常缠着爸爸带她去公园。可李四光总是说没有时间，惹得小李林经常噘嘴巴。

终于有一天李四光主动提出带李林去郊外游玩，这下可把李林乐坏了，她搂住爸爸的脖子亲个不停。

郊外的景色真美啊！一望无际的土地伸向远方，远处的群山仿佛水墨画一般，微风吹拂，野花摇晃着手臂，好像在向你问候。李林跟着爸爸来到了山坡上，他们玩儿起了捉迷藏。他们一个找一个藏，玩得真高兴。无论李林藏到大树后还是草丛里，爸爸都能把她找到。她也总能想尽办法找到爸爸，不管他是趴在地上还是缩着身体藏在树洞里。

现在轮到李林藏，爸爸找了，她机警地躲在一堆灌木丛后。她耐心地等啊，等啊，等了好长时间还不见爸爸来。小李林终于等不下去了，她露出一个小头喊了一句：“爸爸，我在这儿。”可哪有爸爸的影子。

小李林四处张望着，忽然，她看到不远处有一个人的身影很像爸爸。于是，她用手拨开杂草、树枝向着那个人走去。走近一看果然是爸爸，他正在那认真地研究一块儿岩石呢，早把女儿给忘了。

晚上，回到家中，李四光对着女儿说：“玲玲（李林的小名儿），爸爸亲自烧菜给你和妈妈吃，作为白天没有好好陪你玩儿的补偿。"小李林虽然为白天的事有点不高兴，可一听能吃到爸爸亲手做的菜，一块乌云飞走了，快乐地跳起来。

菜很快就做好了，一家人高高兴兴地围坐在一起，准备吃饭了。小李林一边儿拿起筷子一边儿和妈妈讲白天野游的事。

"哎呀，这个菜有点淡。"李四光一边尝菜一边评论道。

"我去拿酱油。"小李林说完就要走。李四光一把按住了她，说："惩罚我，让我去拿。"

说完，转身去了厨房。

许淑彬觉得这爷俩在一块儿真有意思，又继续让女儿讲白天发生的事。

两个人坐在屋里等了好半天，可是李四光连个人影儿都没有。小李林忍不住跑到厨房一看，爸爸早没了。

原来，就在李四光去取酱油的时候，有一位北京大学的同事来找他，在门外向他招了招手，两个人一同去了实验室。小李林和妈妈的心和那没有放酱油的菜一样凉了许多。

晚上，夜已很深了，李四光才拖着疲惫的身体回到家中。打开灯，一桌子的饭菜还放在那里，特别是没有

放酱油的菜一动未动。李四光这才想起自己没取来酱油。他冲着那道菜淡然地笑了一下，心想，它可真像自己珍藏的石头，没有什么经济价值可有纪念意义。他轻轻地吃点剩饭，洗漱之后准备上床休息了。

走进卧室，他打开灯，只见床上好像是有人在蒙头大睡的样子。他想，妻子和孩子怎么这么粗心，把头都盖得严严实实的。他忙蹑手蹑脚地走过去，轻轻地拉开被子。可是哪里有妻子和孩子的影子？分明是用石头在床上摆了一个人形。

一切都明白了，原来她们是让自己和石头人住在一起，是说自己是一个"石头人"。他坐在床上，陷入了沉思之中。他在想，作为一个人，特别是一个中国人，自己确实有责任努力工作，在科学研究上赶上或超过外国人，为我们中国人争口气。可自己又是家庭中的一员，也应该多照顾亲人啊！

李四光就是这样一个工作起来把吃饭、睡觉都忘记了的人。他每日早七点钟去上班，中午饭需由工友提醒，如没有人告诉他该吃午饭了，也许会等到下午一两点钟还没吃呢。晚上经常是八九点钟才回家。一天只休息五六个小时。起初的时候，妻子对他的做法很生气，后来，渐渐地理解了他的事业，所以就带着孩子去实验室叫他。

一天晚上，李四光正专心致志地低着头观察显微镜下的薄片，忽然感到身边有一个小孩，就头也不抬地问道："你是谁家的孩子？这么晚还不回家去？你妈妈想你了。"惹得林林哈哈大笑起来。

类似的事有许多许多，如果一一说起来，恐怕几天几夜都说不完呢。

李四光之所以这样抓紧一切时间全身心地投入工作，因为在那个时代，中国受尽了外邦的欺侮，特别在科学技术方面，中国是相当落后的。李四光就是要多拼出一点时间，多解决几个科学难题，为祖国的昌盛做一点贡献。

李四光，中国地质事业的奠基者和领导人。他毕生从事地质科学的研究和教育事业，成就卓著，蜚声海内外，是我国冰川学研究的奠基人。他独创的地质力学理论，为我国的地质、石油勘探和建设事业做出了巨大贡献。

求学经历

　　回龙山镇，是一个农村小集镇。初春时节，来往行人在仅有的一条又窄又脏的小街上断断续续地行走。街道两旁几个摆小摊做买卖的人在高声喊叫，生怕自己的东西没人买；饭馆跑堂地站在门前生拉硬拽过路行人作自己的顾客，唯恐做的东西换不回钱来；卖艺的打开场子似乎使出了全身解数，累得汗流浃背，一面不停地绕场向观众频频点头，用帽子接着观众丢来的钱。路旁的干树枝被冷风刮得嘎嘎作响，更增添了萧条、凄凉的景象。

　　这时，从一个街口走出两个背着背篓的八九岁的男孩，一高一矮。高的戴顶破毡帽，脑后露出一条辫子，穿一件补丁摞补丁的、但很干净的土布小棉袄，两只大眼睛，忽闪忽闪的，特别有神。

　　"李仲揆，你看咱俩今天到哪儿去打柴？"忽然，小个的开口向高个的问。

"上南山去，道远一点，可那里的柴好打。锁住，你看行不？"

"行。"

两个孩子跑跑颠颠奔向南山打柴去了。

夜幕降临。白天打了一天柴火的李仲揆坐在油灯下，背诵爸爸每天挤时间教他的那些书。他念着念着，身不由己地打盹了，头一低嗞啦一声，面前油灯的火苗把前额上的头发烧焦一绺。顿时，一股焦味充溢屋内，正在做针线活的母亲急忙过来，抚摩仲揆的头，疼爱地说：

"仲揆啊，头发又烧了。白天干一天活够累的了，快睡觉去吧。"

"不，不背完我不睡觉。"李仲揆执拗地回答。

"你这孩子就是犟，一口能吃成个胖子吗？好孩子，听妈的话，快去睡觉吧。"妈妈用商量、劝慰的口吻才把孩子说服睡觉去了。

李仲揆兄弟姊妹六人。爸爸李卓侯是个穷秀才，以教书为生，用当地一座破庙教几个学生养家糊口。穷人家的孩子理事早。李仲揆每天除了打柴外，还帮妈妈干些家务活，每到晚间他跟着爸爸读点书。

光阴似箭，一晃几年过去了，孩子一天比一天大了，懂的事情一天比一天多了。李仲揆起早贪黑地背书。一

天，仲揆的父亲和他母亲商量说：

"仲揆这孩子已经长大了，我看他学习很用心，别因家贫耽误孩子的前程，让他到武昌高等小学考一下试试，若能考上，咱们节衣缩食也得供啊。"

经过父母商量，决定让李仲揆去武昌。李仲揆带着家里从邻居那借来的盘费，穿着一件用母亲出嫁时的衣服改做的棉袄，告别父母兄妹乘船去武昌考学校。

长江，奔腾呼啸，滚滚狂涛拍击两岸。李仲揆第一次乘船离家，因此，无时不被长江的自然景色所吸引，在他的面前，看到了另一片天地。

他搭的这只小船，和李仲揆当时处境很相似，在烟雾茫茫的长江水面上逆流破浪前进。老艄公用力地搬动船桨，李仲揆坐在船头朝着武昌的方向呆望。忽然间，由远而近传来了马达的轰鸣声，李仲揆抬头望去，一艘挂着外国国旗的军舰，正朝着航行在江心的他们的这条小船冲来，越来越近，这艘军舰加足了马力，浪花四溅，一层层惊涛骇浪时而把小船拥上浪尖，时而把它掷进浪谷。李仲揆，这个13岁的孩子，头一次出门哪看见过这样的场面，他蹲在船里，两手紧把着船舷，被惊呆了。老艄公却是泰然自若地握住船舵，目视前方。只见这小船倏地降到浪谷，倏地又登上浪峰，随波逐澜，与惊涛骇浪周旋。

一会儿，浪小了，人们的心也平静下来，军舰摇头摆尾地远去了。李仲揆惊诧地向老艄公问道：

"老伯伯，那军舰为什么欺负人呢？"

"哎，孩子，你还小啊，头一次坐长江船吧。自从八国联军打败中国后，像刚才这样的事在长江上是常有的。"老伯不动声色地说着，但话语间却充满了悲愤。

"那咱们为什么不揍他们呢？就让他们这样随便欺负。"

"揍他？大清政府不管，咱们几个平民百姓能把他们怎样？"老艄公气愤地喘着粗气对李仲揆说。两人你一言我一语谈论刚才江面上发生的事情。一些疑团开始在李仲揆的脑海里缭绕、翻腾，这件事在他那颗纯真幼小的心灵里犹如一块石头被猛然掷进大海，激起无数的浪花。他在苦苦思索：在我们祖国的土地上，为什么外国人能这样横行？竟然拿中国人寻欢作乐；难道我们中国人就应该

这样忍气吞声地活下去吗？清政府腐败无能，使中国人民受欺压凌辱何时才能有个尽头？在祖国的江河里为什么净是外国的军舰，中国就这样连艘军舰都造不出来吗？一个接一个的问号不断地出现在他的脑海里，使刚刚离开家门步入社会的李仲揆陷入深思之中。

"喂！武昌到了。"老艄公高兴地碰了一下李仲揆的肩膀，这才打断了他的思绪，李仲揆抬头一看，船已靠岸了。

"孩子，到洋学堂好好学，学点真本事，长大了咱们自己也造军舰，替中国人出口气。"李仲揆把老艄公的这些话牢牢地记在心里，便拎起自己随身携带的东西，辞别了这位慈父般的老人，登岸去打听武昌高等小学的校址去了。

他一边走一边打听，在众多人们的指引下，来到一个四合院门前。首先映入他眼帘的是大门两侧的石狮子，门上正中的横匾写着："武昌高等小学堂"几个漆黑的行书大字。啊！这正是我要考的高等小学堂。李仲揆边看边往院内走去，他东瞅西望：四不露的大瓦房，屋檐翻翘，油光碧绿的琉璃瓦在阳光的照射下闪闪发光，正中的两根粗柱上雕画着二龙戏凤的彩图。因为是头一次见到这样的房子，简直把李仲揆的眼睛看花了。他报了名，办理了手续，等着考试。

当！当！钟声响了，参加考试的学生一窝蜂地进入考场。经过考试，李仲揆以最优秀的成绩被录取了。

凡考上这所高等小学的学生，都由官家供给学膳费，每月发七两银子。钱虽少，他还是忘不了带点银子回去贴补家用。

李仲揆第一次走进学堂，首先看到的是墙上贴的课程表，上面标着国文、日语、英语、数学之类的课程。他心想，这比私塾的课程样数多，老师比私塾的先生严厉得多。最初上课的那位老师，一上讲台就郑重地告诫他们说："你们这些学生，能来到这个学堂里念书，是一件很不容易的事，咱们学堂设的课程很多，大家一定要勤用功，努力取得一个好成绩，以报答国家和老师以及亲朋们对你们的期望。"

李仲揆思忖着，这学堂的学习科目比私塾的确多很多，条件和环境也和私塾不一样，自己应该爱惜光阴，真正学好。

时间长了，谁的学习好，谁的学习差，在同学们的心目中也有数了。有的同学课程不会就去找李仲揆。凌晨和晚间在宿舍却找不到他。这样，每当考试张榜公布成绩时，李仲揆的名字都列在前面。勤奋、用心、刻苦地学习，获得了优秀的成绩。按照这个学校的规定，每月考试一次，名列前五名的可以得到官费出国留学的机会。可是两个月的考试，李仲揆的名字都是第一名，却没有送他出国留学，这是为什么呢？他和同学们都感到莫名其妙。

"好！下次考试再瞧，如果我再考上前五名，还不送我，咱们再算账。"李仲揆更加用功复习课程，经过第三次考试，当公布成绩时，第一名还是他。这次学校当局果然又没有送李仲揆出国留学，他实在忍受不了这种不平的事，一气之下跑出学校，打算离开这不讲理的鬼地方。学校知道后，派人把他追了回来，并威胁地说：

"好啊！你在我们这里读书，花了我们的银子，吃我们的饭，还想跑，跑也行，把三个月用的21两银子全部退回来。"

李仲揆气愤地说："按规定每月考试成绩排在前五名的应送出国留学，我连续三个月都考第一名，为什么不让我留学？"学校管事人被李仲揆问得张口结舌，感到理亏，但却强辩说：

"出国留学，反正你现在去不了，张知县的儿子还没走成，你就过几个月再说吧。"

受压抑往往能使性格倔强的人增强不达目的决不罢休的意志。被学校当局硬压一年出国留学的李仲揆，战胜了重重障碍，以优异的学习成绩、顽强的毅力赢得了留学日本的机会。

李仲揆高兴地来到留学报名处，从衣服口袋里翻出仅有的几个钱，买了一张出国护照表，用两只手捧到教室。护照表上印着姓名、年龄、住址等栏目，他激动地拿起一旁的毛笔，蘸饱墨，在纸上快速写上"十四"两个字，待心情稍稍平静下来后，定神一看，"哎呀！糟糕！"他喊出了声。竟把年龄填到姓名这一栏里了，再买一张表吧，没有钱了，怎么办呢？李仲揆细细地琢磨着。

有了，"十"字可以改写成李字，我就叫"李四"好了，一想，这个名字听起来太不庄重，又挥笔在后面加

地质学家李四光雕像

上一个刚劲有力的"光"字。多少年来，苦难的人们都渴望着光明，我就叫李四光吧！

一路春风，李四光兴冲冲地回到家中。还没有把东西撂下，就高兴地告诉妈妈：

"妈，我被批准去日本留学了！"

"啊，到日本留学，哎呀，这太好了！"妈妈一边说着，一边激动地流出了眼泪，看见儿子这样有出息，她心里像吃了蜜糖。

"不过，您出国的儿子可改名叫李四光了。"四光顽皮地说着。

"什么？"妈妈擦去了激动的眼泪问道："仲揆，你怎么要改名叫李四光呢？"

"妈妈，鸟往亮处飞，人也希望光明啊。"

接着就把改名的经过一五一十地告诉了妈妈。妈妈听了，心想：孩子长大了，也懂事了。

李四光出国留学的消息，像长了翅膀一样，一传十，十传百，很快全镇男女老少都知道了。

左邻右舍、亲戚朋友，还有李四光的同学、童年伙伴也都来家看望。有的拿着鱼、蟹，有的小朋友把自己最心爱的东西作为纪念品送给李四光。这时与李四光童年时期经常一块打柴的锁住开玩笑说：

"仲揆哥，等你骑马做官时可别忘了咱们中国人，别忘了原来的伙伴。"

李四光被说得脸红了，他微笑地说：

"你们放心，我是在中国长大的，同胞和乡亲们的感情永远忘不了。"

几天来，全家忙忙碌碌地给李四光准备出国所需的行装和用品。为了省钱，李四光买的是五等舱的船票，大统舱里人挤得满满的，又闷热。晚上李四光不得不到甲板上睡觉。海风掠过，使他浑身发抖，不巧患了感冒，加上离家前多吃了点乡亲们送的荤腥之类的东西，上吐下泻。因而他到日本后，很长时间身体都没恢复过来。医生告诉他以后不要再吃荤，以免旧病复发。李四光以求学为重，决心素食，免得发病，影响学习，这可能就是后来他一直吃素的原因。

在很多中国留学生的帮助下，李四光治好病之后，进了日本宏文学院。不久又进入大阪的高等工业学校学习造船机械，想将来把这知识用在祖国的造船事业上。他生活俭朴，为了能照顾家中的弟弟和妹妹，常常是自己弄点米，头天晚上把它放在暖瓶里加进开水，浸泡一夜，烫熟成粥，第二天早晨吃。又因他吃素，所以副食经常就是咸菜，把节余下的钱汇给家中。

酷热的夏天，教室里闷得喘不过气来，同学们三三两两地找荫凉地方休息，李四光却在教室里埋头看书和演题；严冬的夜晚，同学们都已酣睡了，李四光还坐在教室里，不停地看书，或在演算本上写着字。就是这样，李四光无论是在樱花盛开的季节，还是在万木凋零的时候，尤其是在节假日，当同学们都在休息或是外出游玩时，他都从来没有放松过学习。功夫不负苦心人。李四光每次考试，都是名列前茅，老师和同学们对他的刻苦学习精神和顽强的毅力无不钦佩。

学士考试来临。不巧，正在这时李四光腿上长个疖子，肿得不得了，老师和同学们都劝他去医院做手术。他考虑到昂贵的医疗费，看病的时间又长，不如自己想个办法处置一下算了，以免耽误学习，还可把省下的医药费用来买书。因此，李四光行起医来，他把用过的刮脸刀片放在水里煮沸消毒，然后用刀把疖子切开，挤掉脓，刮去患处的朽肉。自行"手术"后，痛得脸色发白，浑身冒汗。但他不顾这些，包扎好伤口，一瘸一拐地坚持考试去了，身边的人们都为他这种坚强的意志感叹不已。

放暑假了，很多同学都在安排假期活动计划。李四光则有一张与别人不同的假期活动计划表。他首先租了一辆摩托车，骑着它东奔西跑去野外观察地形，考察地质，参观英国地质学家史密斯、赖尔、麦奇生等人的地质标本展览。然后，他又急急忙忙地背起行李来到附近煤矿，白天和英国矿工在黑暗、阴湿的矿井里劳动，晚上同矿工住在一起。为了详细了解地层构造和地质情况，他在矿井里总是到最深处、石层多的地方去劳功。每次从矿井里上来，浑身都是黑的，矿尘沾满全身，房东深为他这种精神所感动，像招待客人一样，给他准备好替换的衣服，做些可口的饭菜。

　　暑假结束时，李四光和朝夕相处的矿工们合照了一张相。他头戴矿工帽，身穿劳动服，手中扬起小矿锤与英国矿工留下了一张珍贵的照片。一次有意义的暑假就这样紧张而愉快地度过去了。

李四光雕像

心向祖国

年轻时的李四光抱定了"科学救国"的目标，几经周折，矢志不渝。他一生三次出国、三次回国，谱写了一曲荡气回肠、感心动耳的爱国之歌。

20世纪初的中国，正是"山雨欲来风满楼"的时代，拯救中华民族的革命运动风起云涌。特别是以伟大革命先行者孙中山先生所领导的辛亥革命正处于酝酿、策划的阶段。革命先驱者们在日本成立了同盟会。李四光坚定地站在革命派一边，加入了同盟会。

1905年的一天，李四光被通知到日本一家民宅开会。在那里，他第一次见到了孙中山先生。孙中山摸着李四光的头说："你年纪这样小就要革命，很好，有志气。"临别之时，又送给他八个字："努力向学，蔚为国用。"因为他年纪小，只分派了一些贴标语的工作给他做，但在他稚嫩的心灵中，已经播下了革命的火种。

放暑假了，李四光回国探亲。一回到家里，全村都热闹起来，人们争先恐后地来看一眼这位留洋做大学问的人。李四光兴奋地向父亲、母亲和乡亲们讲述着自己在国外的见闻，还把带回来的各种动物、植物、矿物和轮船的图片贴在墙上，大家都觉得非常新鲜。

几年来，李四光学习了不少科学知识，一回到故乡他就感到村里人吃门前塘里的水很不卫生。他决定自己动手在房后竹丛边挖一口井。可惜的是，这时他没有钻研过地质，不懂得地下水的分布情况，所以费了好大的劲儿，挖了有一丈八九尺还没有出水，就放弃了。怎么办，李四光苦思冥想了好几天，最后他想出了一个人工过滤的方法。他弄来一口大缸和一口小缸，在大缸的下面凿一个小孔，口上装一根竹管子，接到小缸口上，并且在大缸的底儿上放一层石子和一层沙子，然后再盖一层白布。把挑来的混浊的塘水倒进大缸里，水经过沙石层过滤，从竹管子流到小缸里，这样浑水就变成了清水。乡亲们都夸这个办法好。

直到今天，当地的老百姓还在谈论着李四光曾经做过的事。人们说起来还是那么津津有味，仿佛就发生在昨天。

7年的时光转瞬即逝，学成回国的李四光应聘在武昌一所中等工业学校教书。1911年武昌起义、辛亥革命爆发了。湖北军政府成立后，因李四光是同盟会员，又学过理工，所以推选他当了实业部长。22岁的李四光四处奔波，日夜操劳，为了让心中制定好的实业振兴蓝图早日实现，他顾不上吃饭、休息。可是，好景不长，李四光的宏伟蓝图随着革命的失败而化成了泡影。辛亥革命虽然推翻了中国2 000年的封建制度，可由于革命先天不足，由于帝国主义和封建主义的相互勾结失败了。

李四光决定从长计议，趁年轻时候多学一些技术，于是他又到了英国。

英国是近代产业革命的发源地，李四光决心在这里学习采矿。当时有的朋友劝他："你理科成绩好，我们国家汽车工业落后，你为什么不学习造汽车，或者继续学

武昌起义浮雕

习造船？采矿长年在野外工作太辛苦了。"李四光听后，微微一笑，回答道："如果没有矿产哪有钢铁，又拿什么造船、造汽车呢？"他还是为自己选择了一个更加艰苦的工作。

两年后，李四光考虑到虽然祖国地大物博，矿产丰富，可是当时的反动军阀只信任外国人，中国人只能做矿工。因此，他又改学了地质。他想自己以后回国可以开发祖国宝藏，这不也是一个很重要的工作吗？

1919年在伯明翰大学礼堂举行授予学位文凭的庄严仪式。几个欧美籍学生接过内装学位文凭的纸筒走下台阶后，一个面目清俊，体态标致，穿硕士服装的中国青年，疾步循阶而上，接过了硕士文凭的纸筒。他那双炯炯有神的眼睛此时更显得激动，反映出他的内心是多么不平静。

"李四光，庆贺你以优异成绩荣获科学硕士学位。"

李四光手里擎着硕士文凭，真挚地对这位年近六旬的英国老教授鲍尔敦说：

"这是由于您的培养，首先感谢您。"

他日夜盼望着早日回到祖国，每当夜深人静时，他一个人站在窗前，眼望大海另一方祖国的方向，眼前呈现出到处插满外国国旗，老百姓四处逃荒、流离失所的情景。他恨不得插上双翅立即飞回故乡。他的老师鲍尔敦想让他留在英国继续深造，待取得博士学位后再回去。可李四光早已归心似箭，他非常诚恳地谢绝了老师的好意。

"我想把我学到的知识尽快贡献给我的祖国。"他握着老师的手，满怀深情地说。

"好吧，我理解你的心情，以后有机会再到我们这里来。"鲍尔敦恋恋不舍地说。

为了多带回一些知识，李四光先去德国和法国参观、实习。1919年末，他在法国正要回国的前夕，接到了来自伯明翰大学鲍尔敦教授的信。转聘他去印度某矿当工程师。李四光深知，去印度薪水高，可以帮助弟弟妹妹们升学，但一想到自己是一个中国人，应该为自己的祖国服务，他谢绝了老师的好意，而是接受了北京大学蔡元培先生的邀请，即刻动身前往莫斯科，然后回到北京。

1920年春，李四光回到了祖国。第二次回到母亲的怀抱，他有使不完的劲儿。李四光边做教学工作边做科学研究工作。

李四光在自己的祖国一工作就是28年，在这28个春秋里，他发表了一系列在国际上有影响的论文、著作。他亲创的地质力学从一个全新的角度解释了地质变迁的原因。他的关于中国第四纪冰川问题的研究使世界瞩目，为之震惊。

　　在这个时期，也正是深受"三座大山"压迫的中国人民在中国共产党领导下探索革命道路的艰苦年代。特别是抗日战争时期，由于历经颠沛流离的生活和蒋介石对科技人员的拉拢、威吓，使得李四光疾病缠身，心绞痛时有发作，科研难以再进行。终于，他接受了周恩来同志的建议，趁第48届国际地质学会开会的机会，于1947年第三次离开了祖国。

　　1948年夏，年近花甲的李四光在伦敦国际地质学会上宣读了《新华夏海之起源》的论文。当李四光拿起讲稿，用铿锵有力的语调对新华夏构造体系进行深入阐述时，人们的脸上纷纷露出了惊异的表情。中国地质学家提出的论点多么富有说服力啊！人们随着李四光的指点，看着那熟悉的地图，竟惊呆了。世界经过他的分析，原来是如此神奇，各个部分有机地组合起来。"新华

李四光先生纪念照

夏构造体系"这一地质名词，通过这宽敞明亮的皇家亚尔培大厦的演讲厅向世界传开了。李四光的发言刚结束，整个会场沸腾了，人们情不自禁地从座位上站起身来，向着从台上健步走下来的李四光不停地鼓掌祝贺，各国摄影记者也蜂拥而上，镁光灯泡那耀眼的光焰不停地在他的脸上闪亮着。只有寥寥无几的几位欧美传统派的地质学家灰溜溜地离开了会场。

会议结束了，从世界各地前来开会的人们陆陆续续地离开了伦敦。他们有的搭上班机，有的坐上火车，踏上了归国的路。可满载荣誉的李四光，却只能留在这里。他沉沉地靠坐在沙发上，长叹一口气："中国如此之大，竟无我容身之地啊！"

李四光一边休养身体一边从事学术研究，同时他想尽一切办法打听祖国的消息。他坚信中国共产党一定会取得革命的最后胜利。

沈阳解放了！

北平和平解放了！

百万雄师过大江，南京、上海解放了！这一个个振奋人心的消息传来，李四光等不下去了，他计算着回国的日期。经四处活动，终于订了两张由法国马赛起航的货轮票。船期为1949年9月。

李四光的心飞走了，飞到了祖国北京，连梦中都是故乡的景。就在这时，发生了一件出人意料的事。

那是一个宁静的早晨，一阵急促的电话铃声把李四光从睡梦中唤醒。电话是一位朋友从伦敦打来的，他以喘急的口气告诉李四光马上离开英国，以免遭到特务的绑架和暗杀。因为中国驻英国伪大使馆收到国民党外交主管部门的电报，要求李四光立即发表公开声明，否认共产党政府给予他的全国政协委员的职务。

全家人被这突如其来的噩讯惊呆了，一时都紧皱眉头，没有了主意。妻子许淑彬穿着睡衣在房间里来回踱步。李四光的生命受到了威胁，随时都可能出现意外。怎么办？李四光想了一会儿，镇静而果断地说："我一个人先走，从另一条航线离开，你们照原来的计划。"说完，他把自己的想法告诉了妻子和女儿。

不能再犹豫了，一家人分头去办。许淑彬整理行李；李四光整理自己的文稿；女儿李林用了个化名去领事馆办理护照。

天渐渐地黑了，一切也都准备妥当。一家人谁也没吃一口饭，没喝一口水，只想着早点离开这个是非之地。在这最后的时刻，李四光自己却静静地坐下来，提笔给蒋介石的亲信郑天锡写了一封告别信。在信中，他义正词严地表达了自己鲜明的政治立场，表达了自己拥护中国共产党领导的决心，并且豪迈地告诉郑天锡，他已启程回国，希望他认清前途，早日回到祖国的怀抱。写完信，李四光从容地把信交到许淑彬手里，嘱咐她说："等我离开英国两天后，把这封信发出去。"

夜黑沉沉地，月亮被乌云遮得没有一丝光亮。李四光一家三口人默默地朝火车站走去。他们打算先让李四光从普利茅斯港口去法国，因为那里风浪大，一般人不从那儿走，这样可以躲开特务的视线。

送走了丈夫，许淑彬的心难以平静。焦虑、恐惧、担忧……各种各样的情绪一齐向她袭来，仿佛千斤顶压在她的心上。她不知道从此一别他日是否能再相见。劳累、紧张、思虑使她不知不觉沉沉地睡去了。

忽然一阵急促的敲门声使她惊醒，她惶恐地打开房门。

一个身穿西装的中国人走了进来，他用眼睛打量着整个房

李四光雕像

间和许淑彬，开口问："密司脱李在家吗？"

许淑彬也看着这个年轻人，只见他眼神不定，神态紧张，心想此人一定是个特务。她稳定一下自己的情绪，用平淡的语调回答道："他到土耳其搞野外调查去了。"

"什么时候走的？"那人继续盘问道。

"两天以前。"

"哦！我是驻英大使馆的，这里有一份从'台湾'来的电报副件，请转交给李先生。另外……"那人支支吾吾地说。

"另外还有什么？"许淑彬非常生气地问。

"另外，告诉李先生，只要他照着上边说的发表个声明，政府会给他好处的。"那人笑嘻嘻地说完拉开了公文包，从中掏出一张支票。

"这是一张 5 000 美元的支票，你马上可以到银行支兑。过两天我再来看李先生。"

说完，转身要走，却被许淑彬喊住了："你把这支票拿走，我们不需要。"

"李太太，这可是 5 000 美金啊！"那人劝说着。

"我们不需要！你以后也不用来了。"许淑彬非常坚定地说。

那人见多说话已没有用处，收起支票离开了。

赶走了大使馆的人，许淑彬软软地倚在椅子上。女

儿李林坐在妈妈的身边，轻声地说："妈妈，我们也快点搬走吧，他们也不会放过我们的。"

一句话提醒了许淑彬，站起身来赶紧收拾东西，准备去女儿所在的大学居住。

许淑彬在焦急的等待中熬着日子，终于收到了李四光从瑞士一家小旅馆里写来的字迹非常潦草的短信。她一眼就认出那是出自自己丈夫的手迹。信的大概意思是让她速去瑞士。

一刻不能耽误，许淑彬带着女儿历尽周折，才在秋末的凉风中，来到了瑞士巴塞尔城。在一个非常偏僻的地方找到了李四光的住处。一见面李四光就半开玩笑半

李四光纪念馆展厅

认真地说:"你们如果再不来,我可要露宿街头喽。"

许淑彬忙从皮箱中取出了一封信,交到李四光手里:"这是郭沫若等好几个朋友写给你的信,是托人捎来的。"

李四光急不可待地抽出信,一口气读完了。原来是郭沫若等几位著名科学家希望他早日回国,参加社会主义建设。

李四光听从了祖国人民的召唤,匆忙结算了食宿费,立即准备启程,女儿因还没有毕业,这次不能与父母同行。

李四光的归国之心似春潮翻涌,他感到自己周身热血沸腾,有一种强大的东西在吸引着他。他默默地诉说着自己对祖国母亲的思念,他要回去,哪怕只有很短的时间,他要将一生的本领都毫无保留地交给她。虽然自己已是满头白发,可还可以继续工作。我要工作,我要工作,为祖国而工作,等待这一天的到来已经几十年了。

眼望着渐渐远去的欧洲大陆,李四光浮想联翩,自己曾经拿着小铁锤在这块土地上学习、钻研了多少个日日夜夜。如今,"我要回家了"。李四光一边低声地说着,一边向远方挥挥手,泪水顺着面颊流了下来。

李四光和许淑彬乘火车到了意大利,订了两张从热那亚港到香港的船票。候船期间,许淑彬考虑李四光和自己年纪都这么大了,趁还能走动,想到意大利的名胜

古迹游览一下。可李四光偏偏领许淑彬来到庞培古城，这座古城是19世纪在维苏威火山的一次大喷发中被毁灭的遗址。他到这里主要是考察古城的概貌和火山熔岩流动的形迹。李四光看完火山形迹后，又接踵考察对从事地质研究工作有价值的几个地方。两位60多岁的老人，由于整天登山爬坡，最后，使许淑彬累倒了。就是这样，李四光也没有停止考察，他一面照顾许淑彬，一边继续在野外奔走。他坚定地对许淑彬说：

"大自然是进行地质研究的实验场所，科学无国界，所以就得走到哪里考察到哪里，琢磨到哪里。"

1950年5月，一辆开往北京的列车把这位老科学家送到了伟大祖国的首都——北京。李四光终于回到了自己朝思暮想的祖国，虽然这一年他已经是60多岁的高龄，可他仿佛又获得了第二次生命。

崭新的生活

　　五月的北京春风拂面，万物复苏，一派生机勃勃的景象。刚刚诞生的共和国正以高昂的斗志、极大的热情投入新的历史阶段。河山已是旧貌换新颜，人民喜气洋洋的，到处都可以听到"解放区的天是晴朗的天"那欢快的歌声。李四光推开窗户，向远方眺望，真是感慨万千。想想过去洋人到处横行，穷人受尽凌侮，和今天的面貌相比，真是恍如隔世一般。

　　回到新中国怀抱的李四光被委以重任，先后担任了地质部部长、中国科学院副院长、全国科联主席、全国政协副主席等职。他虽然年事已高，仍奋战在科学研究和国家建设的第一线，为我国的地质、石油勘探和建设事业做出了巨大贡献。1958年，李四光由何长工、张劲夫介绍加入了中国共产党，由一个民族民主主义者成为共产主义战士。李四光早年为悼念一个好学生曾写过此

诗，亦为其毕生从事地质科学研究的光辉写照。

> 崎岖五岭路，嗟君从我游。
>
> 峰峦隐复见，环绕湘水头。
>
> 风云忽变色，瘴疠蒙金瓯。
>
> 山兮复何在，石迹耿千秋。

一次，外交部打电话要北大二院（即理学院）派一名教授陪同一个英国人来校参观。并要求介绍二院各系情况，当时理学院把这个任务交给了地质系主任李四光。那个英国人带着一个翻译大摇大摆地走进了北大。李四光身着一套很旧的西服，用中文介绍北大情况，那个英国人上下打量一下李四光，生气地用英语对翻译说：

"我们明天再来，让北大出一名懂英语的教授。"翻译向李四光讲了。

"明天、后天也是我来奉陪。"李四光用英语答道。

这时，正在实验室里查阅标本的一位教授问：

"李四光教授，明天还要陪客人吗？"

"怎么，他就是李四光！"那个英国人和翻译惊讶地私语着。

"李四光教授，久闻大名，未得见面，方才失礼，请您多多原谅。"这个英国人完全换了另一种姿态，点头哈腰地向李四光道歉；"请进，这就是北大地质系实验室，由我陪到底，讲解完。"李四光指着实验室，用一口流利的英语和那个英国人对话。弄得那个英国人非常尴尬，跟在李四光后面从这室进那室，一直参观完。

李四光在衣着打扮上是从不考究的，不说外国人瞧不起，就是有的学生也在背后议论说：这么有名的教授，裤子破了也不在乎，别人上班雇包车，他却天天骑辆破自行车，这哪像一名教授。但就是这个身穿破裤子、骑着破自行车的教授，用他渊博的知识和认真负责的态度在教育这些学生，从而博得了人们对他的爱戴和尊敬。

记得有一次，李四光带着几个学生到外地作野外考

地质年代图

察，正走在北京一条非常繁华的大街上，忽然传来几声惨叫声。他们跑过去一看，一个穿着比挺西装，戴着礼帽和金丝边眼镜的洋人正用手杖蛮打一个人力车工人。李四光大喊一声："住手！"然后跑了过去，扶起那个中国人。

"我在教训他，没有你的事。"那个洋人用英语说了一句。李四光替人力车工人整整衣服，问道："老哥，发生了什么事。"

人力车工人叹了口气，说："他坐我的车不给钱，我向他讨要。他边说洋文边打我。这年头，我只能挨打，不能还手。"

李四光一听顿时恼怒了，只见他冲着洋人怒目而视，用命令的口吻说："快付车钱。"说完用小锤子在洋人面前晃了晃，其他的同学也都举起了小铁锤子。

那个洋人一看这情形，只好乖乖地付了车钱，拾起手杖，狼狈而去。

今天，我们中国人站起来了。我们当家做了主人，再也没有人敢在我们的头上作威作福。想着想着，李四光笑了，他感到报效祖国的时刻到了。

就在这时，一辆黑色的小轿车向着李四光暂住的北京饭店缓缓驶来。

过了一会儿，李四光听到几声轻微的敲门声。会是谁呢？他边想边疾步去开门。

门开了，李四光愣住了，是敬爱的周总理。周总理面带慈祥的笑容，健步走进房门，握住李四光的手，问道："老李，怎么样，还习惯吗？身体好不好？"

一句话，似一股暖流涌遍李四光的全身，这位白发苍苍的老科学家禁不住泪花闪耀。他也紧紧握住周总理的手，连声回答："好、好、好！"

李四光把周总理让进房间，两个人非常随便地畅谈起来。

从李四光的起居生活谈到他以后的工作；从祖国的新变化谈到未来的社会主义建设；从当前的国内外形势谈到马列主义学说、李四光的政治学习。

中国共产党是多么关心一个爱国的知识分子啊！敬爱的周总理在百忙之中亲自看望一个刚刚从海外归来的

黄冈市李四光纪念馆前的雕像

科学家，这怎么能不让李四光感到幸福、激动。

李四光——这位历尽了旧中国沧桑、困苦的老科学家终于找到了自己的位置。他觉得青春之火再燃烧，一股立志为新中国的社会主义建设奉献余生的热流冲击着他。要把毕生的心血、才华献给祖国，这是他几十年来的梦想。

"我要为祖国找矿、找矿……"那天晚上，李四光辗转反侧，无法入眠。他在设计一个方案，一个开发祖国矿藏的方案。

三年过去了，新中国迅速地医治了战争的创伤，国民经济恢复到了历史上最高水平。全面的社会主义建设时代随之而来。这个时候的李四光一心扑在怎样找矿上。他想把自己独创的理论——地质力学早日应用到实践中，为祖国和人民找到矿藏。

李四光和国际友人的合影

地质力学的萌芽

人类栖息生存的地球，山脉纵横，江河浩荡，丘陵蜿蜒，平原无垠。我们不禁要问，半径约有 6 370 千米的地球，它为什么会这样呢？能否找出它活动的规律？近百年来，由于受到传统思想的支配，往往只停留在对表面现象的认识和叙述上，对地球发展历史过程中的许多重大问题，如气候寒暖的交替，山河湖海的变迁，以及某些动物和植物的兴衰规律等，还没能给予科学的说明。

一个科学家的研究活动自觉不自觉都要受各自的世界观和方法论的制约。

当20世纪20年代，西方资产阶级历史学家韦尔斯在他的《世界史纲》中宣称"非洲及亚洲地方，还没有有经验的探险家去探查过"的时候，李四光用自己的实践已冲破了形而上学的牢笼，在祖国的大地上开始认真地考查了北方石炭纪和二叠纪的含煤地层及矿藏分布的情

况，把力学的理论带进了地质学领域。当这一新兴的边缘学科刚一问世，就遭到当时国内外地质界"权威"们的指责、讥讽，从而产生了一场严重的斗争。

1920年，李四光接受蔡元培的聘请，到北京大学地质系任教授。这是北大地质系恢复招生后的第三年。由于系里仪器设备少而简陋，李四光到职后，积极向学校提出增加仪器设备和学生野外学习津贴的建议，得到蔡元培的支持。由于他热心公务，先后被推担任学校中庶务、财务、仪器几个行政性委员会的委员。

1921年以后，李四光除在北京大学任课外，他为了解决当时含煤地层年代，掌握煤矿的分布规律问题，致力于一种叫"蟆（ting）科"化石的研究工作。

"叮零零"，随着传来一阵自行车的铃响，北大理学院看门的老张头和对面一个守卫人员说：

"骑自行车的教授又来了。"说着便出门迎接他："李教授，你天天如此呵，晚饭后应该休息一会儿。"

"张大哥，晚上肃静，备课、搞实验都最适宜。"李四光边说边推着自行车到实验室去了。

他走进实验室，把被风吹开的天窗关好，然后就坐在显微镜旁观察"蜓科"化石的内部结构，这种化石很坚硬，必须把它磨得像纸一样薄才能清晰地看到内部构造。李四光拿起化石，放在磨石上，磨了看，看了再磨，不知磨过多少遍。手打出了血泡，化石灰尘满屋飞扬，呛得他直咳嗽，这些他全然不顾，还是一个劲儿地忙着磨片，一会起来，一会坐下，忙个不停。

许淑彬看到天很晚了，李四光还没有回家休息，担心他深夜饿肚子，便从家里带点吃的东西来到实验室。她虽然是悄悄地推开实验室的门，还是发出了吱嘎的响声。她进屋一看，李四光正在那儿弓着腰，手把显微镜，紧闭着一只眼睛，在灯下细心察看那些化石薄片。她上前轻轻地说了一声：

"仲揆，夜深了，你该吃点东西了吧。"

许淑彬从篮子里将吃的东西拿出，递给了李四光：

"快点吃吧，深更半夜地这样忙个不停，我真担心你的身体。"

"这个时间下班，不就是我的正点吗？"李四光看着许淑彬，两人会心地笑了。

当他俩走出实验室时，时钟已敲响了12下。李四光仰望一下群星灿烂的夜空，深深地吸了一口新鲜空气说：

"明天还是好天气。"两人踏着万籁俱寂的大地走回家去。

多少个寒暑，李四光废寝忘食地研究着"蜓科"化石。他从"蜓科"的薄片观察中，确定了"蜓科"最初出现是在石炭纪早期，到二叠纪末期就灭绝了，而地质史最重要的成煤时期恰恰是距今约3亿2 000万年前到2亿3 000万年前的石炭纪和二叠纪。

星期天到了，李四光早早起来，查看关于"蜓科"化石这方面的资料，两盘没吃的早餐放在桌子上。

临近中午，许淑彬挎着篮子，领着女儿从街上回家。她一进屋就急忙检查一下放在桌上的早餐李四光到底吃了没有。她走到桌前一看，摆着的东西原封没动。李四光怕夫人和女儿生气，忙辩解说：

"你给我热一下，刚才凉了。"

夫人看见他忙得头也顾不得抬地在查阅资料，翻完这本，又看那本，连话都不愿多说一句，但主动提出要吃饭，心里的抱怨情绪也就打消了，又把饭菜拿去热了一遍拿了上来。

"这次我看着你，说啥也得吃下去，不能热了凉，凉了热，把饭菜里的营养都热跑了。"许淑彬坐在桌旁真的监督起李四光来了。看着他三扒两咽地把饭吃下去后，忽然好奇地问道：

"你摆弄的那小化石，有的用手都拿不起来，它叫什么名字，究竟有多大价值。"

李四光解释道："这是古生物的化石。它两头尖，中间膨大，有的和玉米粒、绿豆粒相仿佛，个体很小。化石的形状像纺纱的纺锤，中国把纺锤叫筳，日本把纺锤叫纺锤虫。所以我把筳字旁再加上一个虫字，这样就像一个筳状的小虫，我管它叫'蜓科'。研究'蜓科'化石能区别地层的年代和与国外标准的地层加以对比。"

"'蜓科'化石原来是你命的名呵。"许淑彬高兴地说。

几年的心血浇注，李四光对于石炭纪和二叠纪的古生物"蜓科"化石进行了深入的研究，终于写成《中国北部之蜓科》一书，在国内外地质学界以及整个科学界引起强烈反响。李四光也赢得了广泛的国际声誉，他提出的"蜓科"分类标准至今一直被世界各国地质学家所沿用。

大自然不是孤立的，而是相互联系的，要想发现规律，必须抓住它们的来龙去脉。太行山、庐山、九华山、天目山等地发现第四纪冰川活动的遗迹，别的山是否也存在而尚未被发现呢？如把它们联系起来加以认识，就会使事物的本来面目更清楚些，也会使反对者无懈可击。

李四光为了找到更多更有说服力的证据，他又开始攀登黄山了。

高高屹立在我国安徽省南部的黄山，是在1亿年前，经过几次地壳运动，使它从地面崛起，后又经受第四纪冰川的洗礼所形成。大小72峰的黄山，是我国著名的风景区，素有"天下第一奇山"之称，云海、异峰、怪石、奇松巧妙地构成一幅幅千姿百态的天然画卷。古今中外有不少人对黄山的风景都赞不绝口。

然而，李四光对黄山的山光水色却无心观赏。深深吸引他的是：运用各种形似与神似巧妙造型的怪石，使

中国第四纪冰川陈列馆

他如饥似渴地要阅读中国第四纪冰川这位大自然雕刻家所遗留下来的千古杰作，以回击那些不可一世的"权威"们。

年近半百的李四光和大家一起徒步登黄山，不避跋山涉水、风餐露宿之苦，凡有冰川遗迹的地方，都曾留下了他们的足迹。他们爬过朱砂峰，看过桃花溪中的巨石；攀过狮子峰，看过北海的冰斗；越过飞龙峰，看过陡峻山脊上的风化冰川岩石。一次李四光为了了解冰川活动时的岩石风化情况，他们来到始信峰，仰头指着峰顶的岩石说：

"那些岩石就是冰川的遗迹。"大家望着绝崖危壁，如巨神所劈，斧迹斑斑的始信峰，甚觉惊奇。

"你们在底下等着，我上去看看。"李四光说完便把锤子、绳子、木楔带在身上，纵身登上陡壁，当攀缘到山腰时，却没有着脚的地方了，这时他把木楔打在石缝里，一步一步地向上爬去。在快到峰顶时，被一个光滑得连插个木楔的缝都找不到的大岩石挡住了。

"李先生，快下来，太危险了。"留在山下的同学们着急地喊起来，可李四光像没听见似的，他紧贴在岩石上东张西望，最后只见他把绳子往右上角方向一甩，绳挂在一棵从石缝里长出的小松树上，他双手紧攥绳子，一把一把往上爬，小树摇摇晃晃。山下的学

生看到这种情景，有的失声地叫起来，有的干脆不敢再看了。李四光用尽力气，终于登上了岩顶，把标本采取下来，装在地质包里绕道愉快地回到山下。大家把李四光围了起来，有的摸标本，有的发呆地看他，有的对他敬佩地说：

"李先生，我们都为您……捏了一把汗啊。"

"一个科学工作者，要想有所作为。必须有韧性，并要随时做献身的准备，年轻人更要锻炼这种意志，才有希望在科学上取得成就。"李四光嘱咐着大家。

攀毕始信峰，他们又继续穿丛林绝径，涉深渊幽谷，考察了北海的神仙洞冰斗遗址。

李四光就这样登危岩、探深洞，顶烈日、冒严寒，走过许多人迹罕至的地方，历尽千辛万苦，获得了重大成果。他用千百个日日夜夜，忍饥耐寒，根据十几年的野外调查，先后写成《华北晚近冰川作用的遗迹》《扬子江流域之第四纪冰川》《黄山第四纪冰川流行的确据》《冰期之庐山》等重要论文。这些论文深刻地论证了在中国不是没有第四纪冰川，而是普遍存在，从而推翻了国际冰川学"权威"们顽固坚持说中国无第四纪冰川的谬论，使他们在事实面前不得不承认第四纪冰川在中国确实存在。

李四光用英文写成的《黄山第四纪冰川流行的确

据》一文在国外发表后，轰动国际地质学界。当时由国际联盟派到中国来当教授的澳洲专家费斯孟，得知李四光在黄山发现了冰川遗迹，他也要去实地看看，头一次自己去是踪迹未见而归。第二次又随李四光来到黄山，李四光知道有些外国专家的特点，便不客气地把他带到冰川岩石的绝崖前，费斯孟带有害怕的口气说：

"你是真有胆量，若是我自己，就不敢到这里来。这回我算是开了眼界，看到中国确确实实有冰川活动的地

李四光蜡像

方。"

　　费斯孟这次观察后不久，几乎同时在中国和柏林的杂志上发表了他写的《中国第四季冰川》的文章，承认李四光这一重大的发现。

　　1939年，李四光参加了在莫斯科举行的第17届国际地质会议。他在会上发表了题为《中国震旦纪冰川》的论文，提出在中国的元代就存在第四纪冰川的遗迹。这一论文的发表，大长了中国人民的志气，灭了那些"权威"的威风。论文的字里行间洋溢着中国人民热爱科学，追求真理，具有艰苦奋斗，勇于创新的伟大精神。

石油之战

　　中国有没有石油？这是包括毛主席、周恩来总理在内的全国人民都十分关心和担忧的问题。谁不知道，石油是工业的血液，天上飞的、地下跑的，哪一样离开石油可以转动？特别是在 20 世纪 50 年代，"中国贫油论"的学说压得人们喘不过气来。如果中国真的没有石油，那是否要走人工合成石油的途径？谁不知道，除非万不得已是不能走那条路的！因为人造石油不仅成本高，而且提炼技术也非常复杂。

　　近半个世纪来，有多少人到中国找过石油，谁也说不清。从 1915 年的美孚石油公司，他们曾派一个钻井队在陕北肤施一带打了 7 口探井，损失了 300 万美元，到 1922 年美国斯坦福大学教授布莱克威尔德《中国和西伯利亚的石油资源》论文的发表，再加上中国的某些地质学者的随声附和，于是乎"中国贫油"、地大而非物博的

断言流传开来，使人们感到前途渺茫。

1953年春季里的一天，伟大领袖毛主席亲切接见了李四光。当他怀着激动和忐忑不安的心情来到中南海会客厅时，敬爱的周总理正在那里等着他。

不一会儿，毛主席来了，只见他神采奕奕，精神抖擞，一看到李四光，未等总理引见就热情地握住了他的手，问个不停。客厅里不断传来爽朗的笑声，他们像老朋友谈心似地交流着思想。

这次谈话后，毛主席交给李四光一个非常艰巨的任务，为中国找到石油。

李四光以坚定、乐观的态度接受了这个崇高的使命。从此，他为中国的石油工作奋斗着。

周总理继续提出发展石油生产的设想，考虑到如果当前只能开采这样数量的天然石油，是远远解决不了国内工农业生产需要的。国家的资金还不宽裕，进口也很困难，那暂时只好走发展人造石油的道路以弥补石油的不足。

"我们是唯物论者李老，根据你几十年对我国的地质研究，中国的天然石油远景究竟如何？外国'权威'们说中国'贫油'，你是怎么看的？我们要拿出自己的看法来。"毛主席接着说。

李四光听了毛主席和周总理的话，心里感到十分不

安。国家目前这样急需石油而至今还没有开发出来，这
与我这个地质部部长有直接关系。长期以来笼罩在地质
学界的"中国贫油论"的迷雾，仍在严重地束缚着人们，
它成为我国地质科学发展的桎梏。他考虑如果走人造石
油的道路，用大量的油田页岩炼油，需要复杂的技术设
备和烦琐的工序。不仅费事，而且造价也相当高。在我
国科技界所以有人采用这个途径，正是在于受了外国人
散布的"中国贫油论"的影响，难道中国真的没有大量
的天然石油吗？不对。古人早有定论。1 800年前，我国

　　　1957年6月，李四光在杭州飞来峰用放大镜察看
石灰岩中的有孔虫化石。

的历史学家班固在他写的《汉书》中就说过高奴（今延安一带）地方有一条河，河水可以燃烧，这河水就是指的石油，只不过那时没有石油这名词。是北宋著名科学家沈括在他的《梦溪笔谈》中第一次把这燃烧物命名为"石油"，指出在鄜延（现在陕西省富县、延安一带）境内生产。他不仅详细说明石油的产地、性状，而且断定"石油至多，生于地中无穷"，"此物后必大行于世"。李四光再也坐不住了，他抑制不住内心的激动，站起来直率地说：

"我们用不着走人造石油的道路，我认为还是应走开采天然石油这条路，其前景是大有希望的。历史早有记载，远在古代时期，我国劳动人民就已发现延安、玉门一带地下贮藏有丰富的石油。"

"根据地壳运动的规律，我认为找油不在于'陆相'和'海相'，关键在于正确认识地下构造的规律，主要是如何找出地下储存石油的构造线来。"

由于帝国主义者一直在散布"中国贫油论"，洋人"权威"们不止一次断定世界上重要的油田大都在"海相"沉积地层，而中国大部分是"陆相"沉积地层，因而断定我国不会含有大量石油。他们并把生油和储油混为一谈，其实生油和储油是不同的两码事。

所谓"海相"沉积，就是在地球的远古时代，地层被海水淹没的地带；"陆相"沉积则是没有被海水淹过的地方。

李四光用十分肯定的语气说："从中国的地质情况看，不但'海相'地层有石油，而且'陆相'地层也同样生油。我们找油的方向是：要在条件具备的生油和储油地区开展普查和勘探工作，寻找储油构造线。总而言之，我们的地下不是贫油，而是有丰富的石油，我国的天然石油远景将是相当可观的。"

李四光是在旧社会度过大半生的人，当时的反动统治者只不过是把他用来作为装潢门面的修饰品，根本不可能把他的学识用来造福于人民。

大庆油田历史陈列馆

　　而今，新中国则像初升的旭日一样，照亮了李四光的心。他急国家建设之所急，把地质理论的研究和为祖国早出油、快出油，甩掉扣在中国头上"贫油"的帽子，为解决国家建设的燃料问题结合起来了。受中央的委托，李四光于1955年重新组织起地质队伍，在全国广阔的范围内大规模地展开了对石油的普查勘探工作。

　　这次重点是集中在新华夏构造体系的第二沉降带的松辽平原和华北平原。在一望无际的松辽平原上，一个个钻塔顶天矗立，一堆堆篝火在燃烧，照亮了天空，映红了石油工人们的脸庞；机器隆隆的响声，震醒了千年沉睡的大地。

　　李四光这位从事地质研究工作几十年的老科学家，本着实事求是的精神，不盲从他人的理论，根据自己的科学分析和推断，明确指出，我们的地质条件很好，地层下含有丰富的天然石油，仅从新华夏构造体系的沉降带中就可以开采出几个大油库。在我国的松辽平原、华北平原、渤海湾……都具备着生油和储油的条件。我国的石油前景是辉煌的，是世界上少有的石油丰富的国家。

　　普查开始了，浩浩荡荡的考察队出发了。他们个个身背仪器，手拿小铁锤，向着祖国四面八方的各个普查区进军。

　　李四光也和千千万万个普通的地质勘探队员一样，

率领一支队伍亲自来到东北松辽平原。这一望无际的大平原杂草丛生，荒无人烟，随处可见野生动物的足迹。白天，骄阳似火，乱草、灌木扎得人疼痛难忍；晚上，冷风袭人，野狼的号叫又让人毛骨悚然。勘探工作是艰巨的，茫茫的大平原，一眼望不到边际，真如同大海捞针。

深夜，李四光房间里依然亮着灯。他看着中国地图和从第一线发来的地质资料，仔细地查找着、核对着。

按照他的分析，松辽平原正是新华夏构造体系的第二条沉降带，在这个地区，从中生代以来就长期接受着旁边隆起带倾泻下来的大量有机物质。经过漫长的岁月和地壳的不断下沉，早就形成了封闭性良好的厚厚的沉积层。在这样良好的条件下是可以把原始有机质转变成石油的，可大油田在哪里呢？

开发石油的邮票

　　李四光盯着地图，微眯着眼睛苦苦地思索，现在，根据地质力学理论，把这一带作为油查区是肯定的了。但具体在什么地方能打出石油呢？应该再找出一条更小范围的沉降带，在其中寻找出凹陷带，这样一步步缩小范围，最后确定一点，用钻机打下去……

　　想着想着，李四光紧皱的双眉舒展开了。他的眼前仿佛出现了那高高的井架，石油黑黑的如潮水一般从大地腹部喷出……

　　"仲揆，又是一夜未睡吧，天快亮了，去休息一下吧。"妻子许淑彬穿着睡衣走到他的身边，轻轻地说。

　　"没什么，我的时间不多了，可我还没完成毛主席、周总理交给我的任务呢。"李四光说完，打了一个哈欠。

　　第二天一早，李四光急匆匆地赶到办公的地方，他给从前线回来的地质队员们开了一个会，讲了自己的想法，布置了新的方案。

　　按照先找油区后找油田的理论，充满战斗豪情的中国地质工作者们在茫茫无垠的原野上打了一场硬仗。他们用自己永不知疲倦的双脚踏遍山川、平原、沟汊、河流；用勤劳的双手开创新的家园；用智慧的大脑分析千姿百态的地表，找到一个最佳的位置，架起钻机。"隆隆"的钻机声打碎了大地的沉梦，罕无人迹的荒原到处是地质工人的身影，他们在创造着新的奇迹。

已经65岁的李四光，虽患多种疾病，但他还是亲自听取野外同志的汇报，掌握情况并及时提出具体建议和指示。这时他学习了毛主席的《实践论》《矛盾论》等著作，他读得非常细心，注意领会其精神，重点地方都用笔做了标记，并把它抄在笔记本上。随着国家建设事业的发展，地质部和李四光的责任更重了。多年的野外工作，使他积劳成疾，可李四光一拿起书和笔，就忘记了自己是一个多病的人。一次许淑彬含着眼泪说：

"我不止一次和你说要注意身体，你是快奔70岁的人了，得病容易去病难，一旦有个万一，就算你不考虑家庭，对国家建设也是一个损失啊！"

李四光开导许淑彬说："周总理教导我们要活到老，学到老，改造到老。一个人真正学好马列主义、毛泽东思想是不容易的，我要活一天学一天。现在干地质这一行和旧中国是大不一样了，光有专业知识不成，必须有高度的政治思想觉悟，只有这样才能做到又红又专。"

"你讲的这些我并不反对，可总理并没说光学习、工作，可以不要命啊！"许淑彬这一句话，使李四光扑哧地笑了。

"你说得对，我马上休息。"

李四光在这期间系统地学习了《哲学笔记》《唯物主义和经验批判主义》《实践论》《矛盾论》等马列和毛主

席著作，写了大量的心得笔记，思想理论水平有很大的提高；在业务方面还复习高等数学，兼学俄语，他很多的学习和工作都是在病中完成的。1957年经北京医院检查，李四光肾病严重，国务院决定他到杭州疗养。这时，地质部接到一个不平常的汇报，说在新华夏体系的沉降带上，有一个地区的普查队按照传统的地质理论方法进行勘探，找来找去不见油，然后就断定这个地区的地质构造是：基底太硬，盖层太平，岩性太密，石油含量甚少，结果把找油队伍拉到了外省。不过，这个普查队内部的意见并不一致，有的同志相信地质力学的理论，认

大庆油田历史陈列馆的标志性建筑

为新华夏体系的沉降带理应出油，提出"重整旗鼓，打回老家去"。李四光听到这个汇报，推迟了疗养时间。调来该地区勘查的第一手资料，详细研究了各方面的情况，从客观实际出发，分析了那个地区的地质构造，精确地指出和确定了该地区钻井的格局和布置的方位。这个队按照李四光的意见把队伍拉回原地，重新开始了工作，在很短的时间里，就发现这一地区乃是一个蕴藏量相当可观的大油田。

根据我国天然石油贮藏量和发展的远景，中央决定建立一个石油部。从此，在广阔的松辽平原和华北平原上，地质部和石油部的广大干部和工人齐心协力，密切配合，真正成了一支地下尖兵，日夜战斗在千里的荒原上。

随着钻机的逐渐深入，人们的心跳也在加剧。到了，到了，终于打到了老科学家李四光所指示的白垩纪地层。人们小心地取出岩心一看。啊！我们胜利了！

静寂的草原沸腾了！

显示着储油层的油沙终于找到啦！

这喜讯长了翅膀似的飞向北京，飞向中南海，飞向神州大地。

听到这个消息，李四光笑了。他满怀信心地说："松辽的大局已定，准备侦察下一个油区。"

同时，他写了个申请，准备在松辽地区来一个石油

大会战。就这样，大庆油田的开发工作拉开了序幕。中国的石油工人们以战天斗地的英雄气概开进了这块黑黑的土地。他们发扬了"一不怕苦，二不怕死"的革命精神。冬天，要战胜零下近40℃的低温；夏天，蚊虫叮咬，汗流浃背。经常没有蔬菜，人们就吃咸菜。几年奋战，终于在这荒原之上竖起了一个又一个高耸蓝天的井架。大庆油田的工人们，在"铁人"王进喜的带领下，克服了许许多多困难，凭着一双勤劳的手建起了一座雄伟壮观的石油城。

在李四光的部署安排下，伟大的中国地质队员们相继发现了胜利油田、大港油田等好几处油田。李四光又指明在哪些地区可以找到油田，这些都为后来的实际工作指明了方向。

中国人依靠洋油的日子一去不复返了！

"中国贫油"的论调被彻底打碎了！从此，中国人民依靠本国资源建设起中国式的现代化。

李四光为中国的石油工业做出了不可磨灭的卓越贡献。他认为这是自己应该做的，是对人民的哺育之恩的最好回报，特别是回国以后，毛主席、周总理非常关心他，他想这就算是自己的一份答卷吧。然而，毛主席可没有忘记他的功劳，特意表扬过他呢。

那是1964年，李四光在人民大会堂参加第三届全国人民代表大会。一天，会议快要结束的时候，有一个素不相识的人对他说，有人请他到北京厅去。李四光走进北京厅，看见只有毛主席一个人在里面，以为自己走错了地方，忙不好意思地说："主席，真对不起，我走错了。"反身就要走。

"是我请你。"毛主席叫住李四光后说，然后示意李四光坐到自己身边。接着说："李老，你的太极拳打得不错啊！"

李四光想，主席怎么知道我在练习打太极拳呢？但见主席发问，就答道："身体不好，刚学一点儿。"主席听了哈哈大笑起来，接着说："你给我们的工业献了血，是一大功臣啊！"

这下子李四光明白了，原来毛主席是在说找油的事。

李四光与王进喜畅谈

开发地热

　　李四光经常对人说："地球是一个庞大的热库，有源源不绝的热源。我们现在不注意对地下储存的庞大热能的利用，而是把地球在它表层给我们遗留下来的珍贵遗产——像煤炭这样大量由丰富多彩的物质集中构成的原料，不管青红皂白，一概当作燃料烧掉，这是无可补救的损失。我们子孙后代是要骂我们的，骂我们把那么宝贵的东西都烧掉了，白白浪费掉了。"

　　李四光就是这样一辈子开发大自然的宝藏，然而更加注意如何保护好大自然。在他晚年的时候，已经是疾病缠身。他是带着一个病弱的身躯回到祖国的，尽管周恩来总理经常关心他，每次做手术都是由总理亲自审批和到医院指导，但他还是一日日严重起来。即使这样，他依然坚持工作。

　　1970年，听说天津市大力开展了开发和综合利用地热的工作，解决了许多部门需要热水的难题，已是81岁高龄的李四光说什么要到天津亲自看一看。老伴许淑彬和女儿、外孙都劝他。

"仲揆，你这么大年纪了还是不出门为好。"许淑彬用恳求的语气说。女儿也在旁边帮忙出主意，她对父亲说："爸爸，现在不是以前了，身体要紧，如果身体累垮了，就不能工作了，再说，你可以在家听一听从天津回来的同志的汇报嘛。"一时之间，家里人你一言我一语开起了"劝导会"。可李四光表面上答应了家人，暗地里却已安排好了天津之行，他想要亲自去看一看。

他先来到一个养鸭厂。工厂的工人们听说李四光来了非常高兴，谁不知道是李四光为我们找到了石油？大家在工作岗位上拼命地干活，想以此来表达自己对这位杰出科学家的崇敬。

李四光主要参观了洗鸭毛车间。以前人们每天都是用热水烫掉鸭毛，热水是用煤来烧热的，所以每天都需

 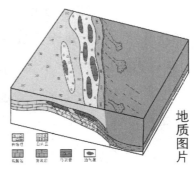

地质图片

要几吨煤。工人们的手泡在脏水里，时间久了就会得皮肤病，有时还会溃烂、化脓。不仅身体健康受到威胁，还会影响工作。后来，他们在市里城建局的帮助下，打了一口热水井，水温有49℃。这下子可解决了难题，每天节省几吨煤不说，地下热水里面含有矿物质，免去了得皮肤病之苦，原来有病的，弄点热水回家洗一洗，没有多长时间就好了。

李四光听着汇报，亲自握住工人的手仔细地观察。看到大家身体健康、精神愉快地工作，李四光点点头，夸赞他们做得好。然后，又根据自己的设想，为他们提了几条意见。

一个80岁的老人，正应在家中享受天伦之乐，可是李四光却亲自下工厂做实际调查，这是怎样的一种精神啊！如果没有对科学的执着追求、对祖国繁荣昌盛的渴望、对地质奥秘的探索又怎能做到这一点呢？

离开了养鸭厂，李四光又到了天津工农兵宾馆等好几个地方。当宾馆的负责同志介绍说，改用地下热水供给洗澡用水后，每天可节约四吨煤时，兴奋地对大家说："别看四吨煤的数字不大，但在代替了煤的作用这一点上意义却很大。将来把经验逐步推广，就会走出一条开辟新能源的路子来。"

天津之行结束了，可李四光的心却难以平静。他在想，国外搞地热已经好多年了，但都只是在发电方面，我们不仅要搞地热电站，而且像天津那样把低温地热井水也利用上，这样不就可以节约大量燃料了吗？

于是，他找来地质科学院、北京大学地理系的同志，和他们畅谈培养地热人才，建设地热电站的事。后来，广东的一个地热试验电站发电成功了，李四光兴奋得一夜未睡，不仅发了贺电，而且写了一封长信，详细询问发电量、电机情况，并嘱托电站的同志们，总结经验，以便将来不断地改进。当他写完这封信时，已是大汗淋漓了。他的手握笔已是十分困难，心也跳得特别厉害。他深知自己的时间不多了，他要给这个世界多留下一点什么。

李四光老年时候最关心两件事，一件是地热开发，另一件就是地震预报工作。他为此付出了最后一点力气。

李四光纪念馆全景

"再给我半年时间"

1966年3月的下旬。

"呜——"汽笛一声长鸣之后，列车缓缓地离开了站台，向着河北邢台的方向驶去。在列车尾部一节专用的公务车厢中，满头银发的李四光正凝神仔细看着面前一大摊各种有关地震情况的报告和资料。他紧皱双眉，手拿一支红蓝铅笔边看边画着、写着。一种焦虑不安、苦思不得其解的情绪笼罩在他的脸上。什么事让他如此专心致志和苦恼呢？

原来，3月8日，在河北邢台发生了一次强烈的地震。地震给这里的人们带来了巨大的灾难。一时之间，房屋倒塌了，到处都是残垣断壁；庄稼被毁掉了，从大地下面涌出的泥沙在田野中形成了一个个的小沙丘，淹没了农作物。家庭不完整了，有的人家只剩下一两个人，有的全部被埋在倒塌的房屋底下，只有极少数的家庭是幸运的，然而也是一无所有。

面对着被地震破坏的家园，人们吓呆了，许多人痛哭不止，特别是那些失去了亲人的孩子，只是哭喊着要找爸爸、妈妈。就在地震的第二天，我们敬爱的周总理来了。他冒着频频的余震的危险走到了人民中间，和灾区的人民同吃一锅饭，同住在寒风刺骨的帐篷中。他带着疾病缠身的瘦弱身躯，不分昼夜地处理震后的一系列困难。人们眼含热泪地握住总理的手，发誓要重建家园。

地质学家李四光得知地震消息后，就主动要求到灾区进行实地考察。党中央征求了保健医生的意见，医生考虑到李四光腹部长了一颗动脉瘤，而乘坐直升飞机颠簸很大，极有可能会产生不良的后果。党中央经研究决定，不能让李四光前往灾区。李四光在申请没有得到批准的情况下，没有放弃对地震的研究，他边看资料边等着机会。

不出几日，周总理从灾区考察回到北京。第一件事就是在国务院召开紧急会议，邀请了包括李四光在内的一些科学家参加。会上，周总理向大家说明了灾区的情况。他说，这次地震使我们蒙受了巨大的经济损失，我们要从中吸取经验教训。如果能事先知道在什么地方、在什么时间会发生地震，那就可以减少损失程度，我们能不能预报地震？

　　会场上静静地，大家不知道怎么回答总理的问题。要知道预报地震是很难的，世界各国的科学家们已研究了许多年，都没有什么办法。过了一会儿，有人发言了，但提出的观点并不是较明确的。最后，总理转过脸来问李四光："李老，你的意见呢？"

　　李四光说："地震也是一种自然现象。它的发生是有个过程的，是完全可以预报的。不过，这还需要做大量的探索工作。"

　　听了李四光的话，总理点点头，他同意李四光的发言。他说："李四光同志力排众议，说地震是可以预报的，这很好嘛！我们是否有这个决心，有这个勇气。"

中国地震观测第一井

　　当天下午，在李四光家的客厅里召开了一次紧张的临时会议。地质力学研究所的技术人员们等待着李四光的派遣。李四光仔细认真地看着邢台地图，然后选择了几个关键性的地方，指定专门人员到指定地点向地层打孔，安装测试"地应力"的仪器，建立了测报点。并且，对于一些具体的技术工作都做了精心安排。最后让他的秘书做好灾区同北京的联络工作。

　　一场观察灾区地质变化的战斗打响了，李四光几乎每天都和"前线的战士"通话、联络。他亲自把各种数据绘制成图表，然后作技术分析。半夜，他房间的灯仍在亮着，为了观察地层的变化，他没有一天休息过。综合分析了各个观测点的数据，他担忧地说："邢台地区近日还会发生地震。"

　　3月22日，邢台又发生了一次7.1级的强烈地震。

　　李四光再也坐不住了，他连夜给中央送上了一份报告，坚决要求进行一次实地考察。报告送走以后，他让老伴给他煮一暖瓶面条，留做旅途食品，又找来保健医生，请求他满足自己的要求。他语重心长地说："你们这一次千万不要阻拦我了。敬爱的周总理都不怕危险亲自到灾区，我是一个搞地质的，反而缩在后面，怎么心安啊！你们支持我吧！"

　　就这样，李四光乘上了这列专为他挂了一节公务车

的火车。列车在河北省一个小站徐徐停下，李四光收起资料，提着拎包，走下了火车。

过了一会儿，他来到了一个地应力测试站。工作人员们看到年过七旬的李四光竟然冒着生命危险来到这里，都非常激动，更加坚定了在这不知名的小地方守下去的信心。李四光听汇报、看报告、检查仪器，忙得不可开交。他用非常通俗的语言、缜密的逻辑给大家分析地应力的变化同地震的关系，明确指出邢台的地震属于构造地震，所以就需要技术人员做好观测工作。

天色将晚的时候，李四光不顾疲劳，又在观测站周围绕了一大圈，他要亲自看看这个地方的地质情况，这是他一辈子的习惯。

经过一段时间的研究，李四光终于向周总理递上了一份"答卷"。他汇报了自己对地震的初步理解，认为邢台地区在近期内发生地震的可能性不大，今后应注意的是沧州、河间一带。

1967年春天，河间县（今河间市）果然发生了地震。人们不禁惊奇地问李四光，究竟有什么神奇的方法竟然推测得这样准确？李四光的回答是科学两个字。

又过了一年，李四光对地震的研究有了一定的进展。

一天，李四光刚刚休息，一阵急促的电话铃声把他惊醒。电话是从国务院打来的，通知他马上到国务院开会，有紧急情况。李四光连忙穿好衣服，坐车向国务院急驰而去。

赶到会场，会议已经开始了，周总理正在主持会议。他看到李四光走进来，向他招了招手，让他坐在身旁的空位子上。

原来，最近一段时期，北京周围发生了好几次小地震，有关方面向国务院汇报，预计明天早晨七点钟，北京市将要发生七级强烈地震。于是国务院立即发出紧急警报，动员居民暂时迁到室外居住。同时，还建议毛主席最好也暂时住在帐篷中，以保证安全。

1971年3月，李四光在办公室工作。这是他生前的最后一张照片。

李四光没有全部听完人们的发言，先站起身，走出会议室。他要和他的"观察兵们"即各个观测站的技术人员通电活。

"你们那里的地应力测试情况如何？"他以急促的声音询问到。

"很稳定，没有异常情况。"对方清晰地回答。

"如发现异常，立即汇报。"

"好！"

电话一个个接通了，回答都是一样的，"没有异常情况。"

李四光放心了，他又回到了会议室。

这时，总理看着李四光，问："李老，你看呢？"

李四光明白，他的回答事关重大，这关系到全北京市人民生命和财产的安全。他根据掌握的情况，迅速作出推断，发生地震的可能性很小。所以他非常明朗地回答道："目前还不那样紧急，最好不发地震警报。"

周总理采纳了李四光的意见，没有发布地震警报，但他却一刻未离开办公室，守候了一夜。

而李四光虽已回到了家中却同样守在电话机旁，等待着各个地应力观测站的报告。

天渐渐地亮了，旭日东升。七点钟，平静地过去了。北京城里阳光普照，川流不息的人们奔向各自的工作岗位。老人们在公园里悠闲地打拳、散步，儿童兴高采烈地去幼儿园。人们正以饱满的精神迎接着新的一天。可又有谁知道，有两个伟大的人为他们守候了一夜。

李四光就这样艰苦地探索着地震的预报工作。由于长时期过度劳累，他肚子里的动脉瘤不断地长大，他渐渐地有点支持不下去了。

一天半夜，一阵疼痛使他浑身颤抖，他叫醒老伴后就晕了过去。

第二天清晨，当他醒来时发现自己已躺在医院的病房里了。

医生进来查房了，李四光一把抓住医生的手，艰难地问："你能不能告诉我还能活多久，能不能再给我半年时间，我还没有完成周总理交给我的任务呢。"

医生的眼睛湿润了，他握住李四光的手说："李老，您现在需要的是好好养病，千万不要暗中在床上写东西。先把高血压治好。"

然而李四光又怎么能安心养病呢？他牵挂着地震事业。

养病期间，他把秘书小周叫到身边，和他谈论着地震问题，交代研究所的工作，常常一谈就是一个下午。

有一次，小周要走了，李四光拉着他的手悄悄地说："明天一早，你把全国地图带来，我有事告诉你。"然后又和女儿李林谈心。

"我已经82岁了，死了也不算早，就是还有两件事不放心。一件是地震预报还未完成；另一件是不放心你妈。"

听了这话，女儿鼻子一酸，泪水夺眶而出。她暗暗地用手擦了一下，哽咽地说："你放心，妈妈有我照顾。"停了一下，又继续说："爸爸，你安心休息，很快我们就回家。"

第二天，李四光腹部的肿瘤突然破裂。医生们商议，决定马上进行剖腹手术。周总理亲自布置了手术工作。

然而，由于年龄过大，病人心脏无法承受这意外的袭击，连续几个小时的抢救，失败了。

李四光，这位对人民做出了重大贡献的卓越的科学家，在辛勤操劳一生后，离开了人世，享年82岁。

人们摘掉帽子，默默地低下头。在这默哀的人群中，

李四光——地质力学创建者

有一个手捧地图的青年，他双眼被泪水充溢着。

李四光逝世的第三天，将要为他举行遗体告别仪式。女儿想到父亲生前对党中央的无比热爱，在明天的"告别仪式"上不知能否见到周总理，但是，不管能不能见到他，我也得把父亲生前没有来得及向党中央说出的话，倾吐给周总理。随后，她流着眼泪给周总理写了一封长信。

由于"林彪、江青集团"的干扰破坏，在举行的"告别仪式"上，不允许给李四光写悼词。5月2日，周总理在百忙中参加了李四光的"告别仪式"。周总理走到李四光遗像前，用沉痛的眼神看了遗像好久，然后，转过身子走到扩音器前，严肃低沉地说：

"凡是在八宝山开追悼会的同志都应该有一篇悼词嘛，何以独独不给李四光写悼词呢？而且事先也不向我汇报。我们国务院的工作没有做好；刚才我在休息室里征求其他领导同志的意见，同意用李四光女儿李林同志给我写的一封信作为代悼词。"说着，周总理从衣袋里掏出那封信，慢慢展开，然后，向大家宣读：

"敬爱的总理：

我父亲突然去世，使他未能完成党交给他的工作，也来不及留什么话，这是极大的遗憾。我作为他亲生的女儿，觉得有责任向总理，并希望通过总理向我们伟大

的领袖毛主席表达他对党的无限忠诚。他时常对我讲，他能活这么久，得以为人民做一些有益的工作，是党对他的多年的关怀，是毛泽东思想哺育的结果。但是他觉得所做的事实在太少了，与党和人民给予他的荣誉相差太远，他时常对我说他不要名、不要利，只希望不声不响地多为人民做一些事。并说：'只要我能再活半年，我就可以看见我国地质科学工作在新的领域开花。'但是谁知道第二天他就去世了。

敬爱的总理，我父亲老想找您谈一谈我国科学工作的问题，但他想到您太忙，不忍心打扰您。在他的遗物中我找到这样一张纸条，上面写着：'在我们这样一个伟大的社会主义国家里，我们中国人民有志气、有力量，克服一切科学技术的困难，去打开这个无比庞大的热库，让它为人民所利用。如果我们不这样做……'"

当周总理读到这一段时，他的声音特别洪亮，并抬起头用他那双炯炯有神的眼睛严肃地望了大家一下，紧接着又读下去：

"他对地热工作非常有信心，他时常对我说：'要是把地热充分利用起来，我们可以节省多少燃料！可以给人民的生活造很大的福利……天津、沙市方面已经做出不少成果，但还只不过是开端，是星星之火。'此外他对地震预报也有极大的信心，这不仅是赶超世界先进水平的问题，更重要的是为了保障人民生命和国家财产的安全。地质力学方面还有冰川和找矿的关系问题、海洋地质问题等等都是他经常思考的问题。在医院时，他还对我说：'江西909、908队是高举毛泽东思想伟大红旗的，应该认真总结他们在实践中运用毛泽东思想发展地质力学的经验。"

当总理念到信中最后一段关于谈到李四光对总理的敬意时，他没有念下去，把信放回了口袋里。信中的最后一段李林是这样写的：

"敬爱的总理，我父亲经常给我说您对党对人民忠心

李四光视察吉林大学博物馆

耿耿，经常每天工作20多个小时，他对您是二十分的敬爱。他还提到邓大姐对我们一家都很关心，我们是非常感激的。我们衷心感谢党组织给我们的关怀和温暖。他还希望总理多保重身体，为我国和世界革命事业做出更大的贡献。"

读完李四光女儿李林的信后，周总理带头走到李夫人和李林的面前，亲切地握住他们的手说："要化悲痛为力量，继承李四光同志的遗志。"接着总理走到李四光的秘书面前，打量一下，轻声地说：

"你把李四光同志遗留的资料很好地整理出来。"随后，周总理缓步走出灵堂，来到站在院子里的人们前面，总理没有戴帽子，冰凉的雨水浇湿了他的头发。他面对参加"告别仪式"的代表们讲：

"你们都听见了吗？"

大家一齐回答："听见了。"

"搞地质工作的同志们来了吗？"

"来了。"

"搞地震工作的同志们来了吗？"

"来了。"同志们含泪回答。

"大家都听见了吗？"

灵堂内外齐声回答："我们都听见了。"这声音盖住了震耳欲聋的雷鸣。

　　周总理用激昂悲壮的声音对全体参加追悼会的同志们讲：

　　"同志们，现在责任交给你们大家了。"

　　这洪亮的声音在八宝山公墓的上空久久回荡……

1965年李四光在北京地质学院与师生座谈

李四光故居与"李四光小道"

　　在北京市海淀区魏公村中央民族大学南侧，有一条又长又窄的小路，我国著名的地质学家李四光生前总喜欢在这儿休息散步、思考问题，人们习惯地称它为"李四光小道"。

　　今天的魏公村已成为繁华的市区，"李四光小道"这条小路已被加宽，变得热闹起来。而在新中国成立初，这里只是一个名副其实的、只有十几户居民的小村落。

　　说到魏公村，这一名称的来历和古代畏兀儿人有着密切的联系。明代官修《顺天府志》也提道："大慧寺，在畏吾村。"到明朝万历年间，这里除了被称作畏吾村外，又被称作"苇孤村"。万历二十一年刊刻的《宛署杂记》有如下记载："（宛平）县之西北，出西直门一里曰高良桥，又五里曰篱笆房，曰苇孤村，又二十里曰鞑子营。又十里曰北海店，其旁曰小南庄、曰八里沟、曰牛栏庄……"这不仅为我们提供了畏吾村的异名，也说明畏吾村的具体位置与今天的魏公村是一致的。直到清光绪七年（1881年），这里仍称作畏吾村。

二十世纪六七十年代，中央民族大学正门南侧是一片小树林，树林带和民族学院南墙之间，有一条东西向的小路。这条路向西走到多半截向南一转，就通向李四光家及其所在的中国地质科学院地质力学研究所。

当年这几家单位所处的具体辖区，是北京市四季青公社万寿寺大队法华寺生产队。显然，当年这里应该属于城乡接合部。这条小路就是有名的"李四光小道"，现在叫民族大学南路。

十几米宽的土路，中间隔着一个村子，附近的菜园子里、肥沃的黑土上，茂密地长满了杂草和绿藤，就像

李四光故居

传说中的金银岛。据说，那曾是乱坟岗子。

其实这条路本没有名，当时之所以叫"李四光小道"，不是因为这条路是给李四光家修的，也不是因为这是一条李四光出来进去的必经之路，而是因为工作之余的闲暇时刻，李四光每天傍晚准时来这条路上散步。李四光走得多了，便也成了"李四光小道"。起点是家门口的银杏树下，终点是白石桥路，通常走一个来回，有时边走边和随员讨论工作，有时带着马扎儿，坐在门前的银杏树下思考问题。

当年周围都是菜地，"李四光小道"也是一条田间小路，起初是周围农民慢慢叫起来的，后来越传越远，据说还一度上了北京市的交通图并在邮局备案。如今那片小树林早已不存在了，"李四光小道"一改再改，现在叫"民

李四光故居

族大学南路"，这条路上也多了北京舞蹈学院等单位。

李四光晚年的两部重要著作《地质力学概论》和《天文、地质、古生物资料摘要》，以及十多篇学术文章，就是在这条路上和银杏树下构思完成的。

早春，在第 37 个世界地球日——4 月 22 日来临的时候，敲开那扇耳闻已久的宅门。而当公众涌向地质博物馆的时候，李四光纪念馆却很少有人前往。纪念馆前大门紧闭，和地质博物馆那边形成对比。

李四光的最后十年（1962—1971 年）是在国家为他专门建造的宅院里度过的。几十年过去了，这个院子还在，并于李四光 100 周年诞辰（1989 年）时辟为李四光纪念馆，当时的全国政协主席李先念题写了馆名。李四光故居是一幢两层小楼，总建筑面积 989.1 平方米，有院墙环绕，院门朝北（以前朝南），楼门朝西。院内曲径通幽，有假山、喷泉、果木环衬。

看到了李四光用过的电视机、收音机、照相机、小提琴……他的办公桌、他的书柜、他喜欢的千万种石头……像跨越时空，与一位前辈聊天。

李四光在新中国成立后回国，搬过几次家，曾落脚在香山附近的象鼻子沟。20 世纪 60 年代，因备战需要而迁居。有关方面请他去看过李济深在城内东单的一处住宅，李四光感到那处房子过于豪华，与自己一贯的生活

志趣相左，便放弃了。

此后，他亲自选址、设计，并由国家建造了这栋小楼。如今院子里很多已成材的大树，都是当年李夫人许淑彬带着大家栽的，李四光也亲手种植了其中的几株。

李四光自1962年迁居于此后，一直住到1971年去世。他在这里生活、工作、做学问。一些由他主持或他参加的小型会议，常在家里召开；何长工、刘景范等原地质部负责人也常来家中汇报事情，因而一进大门右手那间面积较大的客厅，实际兼具会议室的功能，四周是书橱和沙发，中间是一张长条桌和若干把椅子。现在，靠窗一侧陈列着许多第四季冰川沉积物的地质标本，多为当年李四光野外考察的收获。

其他家具则是那个年代留下来的，一个质感陈旧的皮沙发的扶手已经开裂，露出里面的棉絮。这几个沙发，还是李四光1950年回国时，在旧货市场上买的便宜货，看来年头更为久远。客厅的隔壁是办公室，尚未恢复原样，但一张大写字台是李四光用过的。

办公室一端墙上有一块玻璃黑板，当年地质队野外作业回来，向李四光汇报时，他常利用黑板做一些讲解或布置，也曾借这块黑板给科技人员讲授地质力学，这大概是多年执教生涯所养成的习惯。

李四光有着很深的国学基础，不光散文写得好，旧体诗写得好，即便是地质学的论文，同样写得"有声有色"。他的音乐造诣也相当深厚，尤好小提琴。他在巴黎写的一首小提琴曲《行路难》，是中国人创作的第一首小提琴曲。李四光回国后曾请音乐家萧友梅过目提意见。这首提琴曲写于1920年，在近80年之后的北大百年校庆的晚会上，第一次得到公开演奏。它的面市修正了马思聪是中国最早的小提琴曲作者的说法。现在这首曲谱和李四光在国外常拉的小提琴，都陈列在纪念馆里。

四十多年前，李四光家的小楼，李家南门外那棵有上千年历史的银杏树，以及明朝大太监刘瑾等历史人物的墓碑，都是周围颇为扎眼的标志。如今高楼林立，李四光故居被夹在当中，小楼因年久失修，多少显得有些残旧。

少年时的故事

穷教书先生的儿子

李四光是农村中一位穷教书先生的儿子。

他的祖父母更穷。他们是蒙古族，不知道是由于什么原因，在清朝光绪年间，沿途乞讨，流落到湖北黄冈的回龙山旁。

回龙山，蜿蜒起伏，气象不凡。人们传说回龙山原有九条龙蛰伏在这里，后来都乘着云雨回到龙宫去了，独有那第九条小龙，舍不得这个地方，又返了回来，后来变成回龙山。它确实是一个山清水秀的好地方。

李四光的祖父看到这个地方靠山有水，不愿再四处流浪，就带着妻儿在一座破庙里住了下来。

白天，他带着儿子李卓侯上山砍柴，换点粮食、零钱养家糊口。晚上，他带着儿子在灯光下读四书五经。

清朝的时候设有科举考试。李卓侯在父亲的教诲下进府应考，倒也考上了一个秀才，只可惜家中无钱无势，因此也并没有得到什么出路，只得在离家比较远的另一座破庙里设了一个馆，靠着教几个农村的学生糊口。

1889年10月26日，李四光就在这回龙山下的下张湾里诞生，因为他是父亲李卓侯的第二个儿子，父亲给他起名叫仲揆。

六岁，小仲揆跟着一位名叫陈二爹的老先生发蒙了，他学习很用功，经常受到陈二爹的夸奖。

爸爸让他这么早就读书，也是抱着"早发蒙、早出息"的希望。家里虽然贫寒，但是，他交代给小仲揆的妈妈，家里宁可少吃点油，每天晚上也要给孩子们一盏灯油，让他们可以在晚上读点书。

那个时候农村里已经有煤油灯了，不过不是带灯罩的，只有一根灯捻儿，插在一根铁皮管盖上，就着瓶里的煤油燃烧着。这种灯，冒出来的火焰红红的，还带着一股又黑又难闻的煤烟；它的火花，是一闪一闪的，飘忽不定。时间稍微长一点儿，就会熏得人的鼻孔里和牙齿上都留下一层黑，脑袋也疼，眼睛也累。父亲怕把儿子熏坏了，所以特地关照要给孩子点清油灯。

清油灯的优点比煤油灯要强多了，它灯光清亮，轻烟不起，也没有怪味。

晚上，小仲揆和哥哥面对面坐在一张桌子跟前，他

不忙打开自己的书包，却先看了看油盏里的灯芯。妈妈在里面放了两根灯芯，小仲揆轻轻地拨去一根，只剩下一根。

"就点两根灯芯吧，孩子。"妈妈疼爱地说，"这是你爸爸关照过的，别省这点儿油了。"

"不是这个意思，妈妈。点一根灯芯，我可以多学一倍的时间。哥哥，是吧？"小仲揆说着，抬起头看了看自己的哥哥。

"挺好，其实也差不多一般亮。"哥哥同意。

妈妈也就不再勉强。小仲揆和他的哥哥就这样默默地读呀，写呀，谁也不打扰谁，一直坚持到灯盏里的油点完。

妈妈坐在他们的桌子旁边，就着这一根灯芯所发出来的亮光，摇着她的纺车。晚上纺点纱线，还能换得几个零钱，好买点火柴、油盐，也给孩子们买点读书用的笔墨纸张。

有心计的孩子

小仲揆一共有7个兄弟姊妹，还有一个年老卧病在床的爷爷，都指靠着他的父亲教馆的那点收入过活。在农村，家里没有一个男劳力，收入又不宽裕，那日子可是很难过的。吃饭谁去舂谷？淘米谁去挑水？烧锅谁去砍柴？

　　这一切，都靠小仲揆的妈妈。

　　小仲揆渐渐长大了，他成了妈妈的好帮手。他用小提桶帮妈妈提水，让水缸里的水总是满满的；他带着耙子上山去搂树叶，让灶膛底下的柴火总是堆得高高的……

还有一件费力的活是舂米。那是用脚踩着踏板，一杵一杵朝着石碓里杵下去，使稻谷的壳一点点退光而成为白米。

小仲揆看到妈妈舂米很累，就说："妈妈，我来帮你舂。"

还不到10岁的他，体重轻，力气小，怎么踩得动那又厚又笨、还绑着一个大石杵的踏板呢？

小仲揆并不泄气，他找到一根绳子，用绳子绑在石杵那一头的踏板上，脚往下踩动踏板的时候，同时用手使劲拉一下那根绳子，这样就能把石杵踩起来了。

妈妈看见孩子这么费劲，很心疼，就说："仲揆，你别舂了，这个活儿不是像你这么小的孩子干的。"

小仲揆却说："妈妈，我要吃饭，也要帮助你舂米。"

就这样，小仲揆连踩带拉，手脚一齐使劲，虽然速度不快，却是一杵一杵地，坚持不懈地帮助妈妈把稻谷舂成了白米。吃菜也是困难的。有时妈妈说："哎，今天又没菜吃了。"

小仲揆就会不声不响地提上一只小提篮，带上一个小铁盒，从菜地里挖出几条蚯蚓装在里面，再拿起一根钓竿，走到屋前的池塘边，放下钓竿，静静地等候着上钩的鱼。

小仲揆的手很灵巧，那根钓竿就是自己从竹园里砍的一根竹子做的，大蒜头的秆儿做的浮子，缝衣针砸上一个弯钩儿就是钓钩。

在这小小的池塘旁边，也有左邻右舍的孩子，手里拿着钓竿站在塘边钓鱼。可是只见小仲揆一会儿提起钓竿，一会儿放下钓竿，不大一会儿的工夫，他就能给妈妈提去小半桶鲫鱼，而别的孩子还都没有什么收获。

当孩子们看见小仲揆提着装了不少鱼的小桶往家走的时候，忍不住带着羡慕的神情问他：

"咦，李仲揆，你怎么能钓那么多的鱼呢？"

小仲楼反倒觉得问得奇怪，反问他们：

"钓鱼的时候，你们都看着哪儿来着？你得盯着那个'浮子'，它一动你就要赶快提竿儿，不能等到它都沉到水里去了好半天才提，这时鱼把食都吃光了，跑啦！"

围在小仲揆跟前的孩子们嘻嘻地笑了，因为他们在钓鱼的时候，东张西望，左顾右盼，并没有认真去把它当作一件事情来做，更没有去动脑筋琢磨琢磨，想想怎样才能钓得又快又多——谁还为了钓鱼这么一件小事去费那么多的脑子呢？

秋后，小仲揆跟着大家一同到离家比较远的一口公塘里去踩藕。

枯萎的荷叶底下，埋藏在深深的烂泥里面的，是又白又嫩的藕。说也奇怪，这样又白又嫩的藕，总是一节

一节连得很完整地被小仲揆从烂泥里踩出来；而别的孩子，却往往溅了一身泥浆，嘻嘻哈哈地在塘里闹腾半天，只能提着一节半节的断藕茬子回家。

"真怪，李仲揆，怎么塘里的藕也全都被你碰上了，你怎么踩得这么好呢？"回家的路上，小伙伴忍不住又羡慕地问他。

小仲揆又奇怪地反问他们说："你们是怎么踩的呢？我是顺着荷叶先踩到藕，再用脚细心地分出藕路，顺着它生长的方向，一脚一脚，一点一点地把泥踩去，让藕露出来，小心别在藕节的地方把藕踩断，这样再想找到就费事了。"

孩子们又嘻嘻地笑开了："谁知道藕都怎么长在泥里面？又看不见，又摸不着。我们就用脚在烂泥里踩呀，踹呀，东一脚，西一脚，有时好像踩着了，再踩一脚，又找不到了……"

邻居的大人们把这一切都看在眼里，谁家的孩子勤快，谁家的孩子心灵手巧，他们都清清楚楚。怪不得四周的邻居都向小仲揆的妈妈夸奖说：

"卓侯先生娘子，别看仲揆这个孩子年龄小，他的心思是多么细密啊！"

孩子们有谁不盼着过年的呢？只不过有钱人家的孩子过年盼着大人给买这买那，给压岁钱；而穷苦人家的孩子过年，就得靠自己想着办法玩就是了。

小仲揆就是这样，冬天，野外的活儿少了，他就忙着给自己的弟弟妹妹准备过年的礼物。

有人送给他两个大香橼，那是一种像广柑那样的果实，放在屋子里满屋清香。平常人们就把它放在房间里留着闻个清香味儿。李仲揆却细心地用小刀将它剖成两半，剥下皮来，把它们分别扣在小小的碗上风干，又用小刀在皮上刻了美丽的花纹，再剥下来，合在一起，就做成了一对又漂亮又芳香的小坛子，送给自己的小妹妹装点小零碎。

他又上竹园里砍了两根毛竹，剖成细篾，七弯八绕

地，扎了一盏花样翻新的花灯——孙悟空打秋千。夜晚在灯里点上一支蜡烛，里外透明，那大闹天宫的猴子翻在秋千上，待上不下，那副滑稽而又调皮的样子，人们见了没有不乐的。这是小仲揆送给弟弟的礼物。

他还帮着妈妈做米花糖——先用晾干的糯米饭炒成炒米，再用小火热点糖稀，就热将炒米拌在里面捏成炒米团，晾凉以后切成薄片，就是又香又脆的米花糖。

小仲揆不声不响地把这一切都做好了，妈妈在一旁看着，忍不住自己也觉得惊奇，这一切，他都是跟谁学的呢？她问：

"孩子，谁教你刻字刻花的呀？"

"我在集上，看刻字的匠人刻的。"

"谁教你扎的花灯呢？"

"我看见集上卖花灯的人扎过。"

"那，炒米花糖你又是从哪里学来的啊？"

"我看见卖米花糖的老婆婆，她是这样做出来的啊！"

妈妈不再问了，原来他真是一个心思细密的好孩子。

突兀一块大石头

月光下，李仲揆常在一块大坪上和小伙伴们一同做捉迷藏的游戏。蒙上一个孩子的眼睛，叫一声"一、二、三"！其他的孩子就迅速跑开躲藏起来。有的藏在草垛背

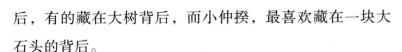
后，有的藏在大树背后，而小仲揆，最喜欢藏在一块大石头的背后。

做完了游戏，小仲揆突然对坪上的这块大石头发生了兴趣，这块石头屹立在这儿，显得十分不相称。他问小伙伴们："哎，你们说，为什么这块平地上会有这么一块大石头呢？

"哈哈哈！"小伙伴们一阵哄笑，他们觉得这个问题问得太可笑，太奇怪了！"石头是从哪里来的？本来就有的呗！"

小伙伴们回家了。李仲揆又去问陈二爹，陈二爹是村里有名的见多识广的老人。

"陈二爹，您说坪上那块石头，它是从哪里来的呢？"

"啊！你说的是那块怪石头？"陈二爹说，"别人都说，它是从天上掉下来的。"

这下子，小仲揆更不明白了，他又去问爸爸："爸爸，陈二爹说，坪上那块石头是天上掉下来的，您说，那能是真的吗？"

"天上落下石头来？"父亲想了一想说，"那倒也会有的。天上的流星落到地上，就变成了石头，那叫'陨石'。"

"那块石头究竟是不是天上落下来的呢？"小仲揆非得打破砂锅问到底。

"天上能不能掉下这么大的石头来？"父亲又想了一想说："我也不知道。"

"谁都说不清楚。"李仲揆感到不满足了。"反正，照我看，它不是本来就在这儿的。就是弄不清它到底是怎么来的。"

在李仲揆整个的少年时代，直到后来离开了故乡回龙山，他一直没有找到这个问题的答案。

后来，李四光去英国学了地质学，又到欧洲的阿尔卑斯山考察了那儿的冰川。回国以后，1922年，李四光在太行山麓的一次地质考察中，第一次发现了中国第四纪冰川存在的遗迹。这时，李四光开始意识到，故乡那块突兀的大石头，也许是被冰川推移过来的一块大漂砾。

然而，猜想也还是不能代替现实。一直到1933年，李四光再次回到故乡，对这块突兀的大石头进行了一番考察，虽然由于多年的风化侵蚀，它已经变得斑斑驳驳，不过仍然鉴定出它是片麻岩，说明它不是天上掉下来的陨石。而在那一带地区的地层上并没有这种片麻岩，说明它也不是本来就在这儿的石头。那么，什么地方有片麻岩石呢？秦岭！原来这块巨大的岩石可能来自秦岭。

如果这是事实，那么，究竟是什么力量将这么巨大的岩石推移到这么远的地方来的呢？

冰川！只有冰川能将它推移到这儿来，它是一块巨大的冰川漂砾。进一步考查，李四光还发现这一带都广泛地分布着冰川带来的砾石和黏土堆积物。李四光发现了我国扬子江流域广泛存在着第四纪冰川的遗迹。他专门写了一

篇《扬子江流域之第四纪冰期》的论文。这时，李四光已经进入中年。在这篇论文中，李四光特地提到了他在幼年诵读四书时那块用来捉迷藏的大石头。并且对于这个"使他迷惑不解的时间长达四分之一世纪"的问题，终于找到了满意的解释和科学的答案而表示欣慰。

我也要造一艘铁船

山里的孩子是难得有机会进城去玩的。一天，小仲揆跟着爸爸，出了回龙山，来到团风镇。

那是一座不大的镇子，不繁华，也没有特别的吸引力，可是从镇边流过的汹涌澎湃的长江，使小仲揆惊讶不

已。

长江滔滔不绝地流着，各种各样的船只在长江里行驶。有用人摇着橹慢吞吞前进的小木船，有张着帆走得比较快的大木船，最令人仰慕的就是那又高又大又长的大轮船了，它简直像一幢楼房在江面上航行，跑得快，装得多，上面还挂着五颜六色的旗子，漂亮极了。

"爸爸，那是什么船呀？"小仲揆拉了拉爸爸的衣襟问。

"孩子，那是轮船。"

"它是什么做的呀？那么大。"

"钢铁做的。"

"钢铁？"小仲揆问。

"钢铁那么重，怎么能够浮在水上呢？"

"因为船舱里面是空心的，船就不会沉了。"爸爸回答。

"它不用人摇橹，又没有帆，怎么还跑得那么快呢？"

"它是轮船，靠机器开动。"

"机器怎么有力气去开动这么大的轮船呢？"

"看见那根大烟囱了吗？瞧，它正冒着黑烟，那底下烧着煤，煤把机器里的水烧开，水变成蒸汽，就能推动机器前进。"

"烧煤就能推动机器？"小仲揆又睁大了好奇的眼睛，

出神地看着向远方驶去的大轮船，觉得这一切都太新鲜了。

"呜——"轮船鸣了一声长长的汽笛，吓得小仲揆赶紧用双手捂住自己的耳朵，同时又兴奋地大声对爸爸说："爸爸，我听见它的叫声了，它的力气真大啊！叫声都那么吓人！"

说得爸爸也笑了。

回来的路上，小仲揆一直兴奋地和爸爸谈论着这种大轮船，这样的船真是太有意思了。

突然，小仲揆说："爸爸，我也要做一只铁船。"

"你会吗？孩子。"

"我去试试。"

回到家里，小仲揆果然忙开了，他从街上向修壶的爹爹要了一点"冰"铁皮（就是"马口铁"）回来，先在纸上画好图样，再比在铁皮上用剪子把它剪下来，又用小锤敲敲打打，一艘两头翘起，中间

有船舱，上面挂着小旗，还竖着一个大烟囱的小铁皮船就做出来了。

小仲揆把它拿到池塘边，小心地将它放到水里。

"它真的漂在水面上啦！"小仲揆高兴地呼喊着，用手划动几下水，船还能顺着水流前进一段距离。

"它是我做的小轮船！"小仲揆高兴地叫道，"呜——它叫了。"

那个时代，孩子们根本还没有什么船模、舰模，小仲揆做的这件新玩意，吸引了隔壁左右邻居都来看热闹。

还是小仲揆的老师陈二爹见多识广，他一面夸奖小仲揆做的这艘"轮船"真"像"在长江里航行的那种大轮船，一面鼓励说："仲揆这孩子有志气，现在造小船，将来造大船！"

记住民族的耻辱

当小仲揆长到十二三岁的时候，已经有了独立生活的能力。为了让他把书再读得深一点，这年他离开了给他发蒙的陈二爹，到爸爸的书馆里跟着读书去了。

那一天，小仲揆轻轻走进父亲的书房，发现父亲正在把放在桌上的文章盖起来。

"爸爸，你在写什么？"小仲揆不由得感到有些神秘。

爸爸把藏在下面的文章重新拿了出来，小仲揆一看，那上面的标题是：《孔孟的心肝》。

它是当时不满清朝统治，在民间流传着的一些警世文章中的一篇，有人正在托李卓侯先生给修改润色。不过当时小仲揆还不懂。他问："爸爸，《孔孟的心肝》是什么意思？"

父亲说："这篇文章主要是说明孔子、孟子他们对于国民和社稷的一些想法。"

"他们是怎么说的呢？"

　　地质部部长、著名地质学家李四光非常关心北京地质学院的建设和发展，经常到北京地质学院视察和做报告。这是1965年5月22日李四光部长到北京地质学院做报告，受到热烈欢迎。

"孟子说过，民为贵，君为轻，社稷次之。可如今，子民如同草芥，社稷拱手送人，这是什么世道?!"

"怎样才能做到民为贵呢？爸爸。"

父亲没有回答，只在纸上写了几个字："民主共和"。

小仲揆懂事地点点头，表示有些明白父亲的意思。

父亲沉吟了一会儿，又感慨地吟诵了两句诗：

"伤心怕看澎湖月，妙手难回旅大春。"

"澎湖月是什么意思呢？爸爸。"

"孩子，清朝政府无能，甲午海战，中国海军打不过日本海军，签订了《中日马关条约》，中国承认战败，将台湾、澎湖和辽东半岛都割让给了日本，还赔款白银二万万两。"

"旅大春又是什么意思呢？"

"甲午海战之后没过几年，沙皇俄国又强迫中国签订了《中俄条约》，把我国的海港旅顺和大连都租让给他们了。"

"爸爸，中国为什么打不过他们呢？中国人怕死吗？"

"中国人并不怕死，中国太落后了！"李卓侯愤慨地说："就说甲午海战那一回，海军总兵兼致远号管带邓世昌打得多勇敢啊！本来他打赢了，可是后来他的炮弹全用尽了，他想加速马力，用致远号去撞沉日本的军舰吉野号，谁知致远号军舰是从外国买的，它的速度怎么也追不上吉野号，最后反而被吉野号发出的鱼雷击中，邓世昌和全舰上的250多名官兵全部英勇牺牲了！"

"真是民族的耻辱！"小小年纪的李仲揆突然说出了一句和他的年龄很不相称的话。

"记住甲午海战的教训吧，孩子。现在需要的是发愤读书。"李卓侯勉励着自己的儿子。

一天下午，父亲离馆出去办点儿事情，教馆里没有了老师，学生们就有点儿像脱了缰的野马，闹翻了天。他们把桌子搭起来，做成戏台，一个个登台表演，有唱湖北戏的，有唱湖北渔鼓道情的，也有唱湖北山歌的。

更有那调皮一点的孩子，偷偷地跑到附近农民的庄稼地里，挖来一些山芋和花生，或是偷摘一些豆子，就着点燃的野火，烧烤着美餐一顿。

天快黑的时候，李卓侯先生回馆来了，学生们一个个赶紧溜回自己的房舍，一声不吭。和尚就向李先生一五一十地数落起这些不听话的学生来了。

李先生听老和尚说了许多孩子的不是，可是没有提到自己的孩子，就问："老师父，仲揆呢？您不要客气，实话告诉我，这一下午他在干什么？"

"不是我当面奉承您，李先生。"老和尚满面笑容地说："您的儿子将来一定会有出息。您走了以后，他一直遵照着您的吩咐，在那儿读呀，写呀！教室里闹得不成

样子，他就躲到天井里去了，那儿安静。您瞧，他还在看书哩！"

李卓侯顺着和尚手指的方向看去，儿子仲揆坐在天井里的一张小凳上，手里拿着一本书在聚精会神地看着。

"仲揆，天都快黑了，进屋来看吧！"

小仲揆这才合起书，笑着说："爸爸，你回来了。我只剩下一小段了，趁着天井里还有点儿亮，就到这里看了一小会儿。"

"刚才我回家看了一下，你母亲给你带了几个熟鸡蛋来。"

李仲揆接过父亲递给他的几个还有点热气的鸡蛋，乐呵呵地笑着，又还给爸爸一个，说："爸爸，这只给你吃。"

由于父亲的教育和长期的国外留学生活中，他亲身感受到中国人受尽歧视的耻辱，从而产生了强烈的民族自尊心。他曾说："我们不能不承认人家的文化程度比我们高，艺术比我们精。人家的地方已经开辟到十分田地，我们的一块沃土，还在那里荒着。请他们来做好了，再拱手奉还给我们，世界上恐怕没有那么一回事。所以，我们一线的生机，还是在我们的民族，大家打起精神，举起锄头向前挖去。"所以，李四光在给学生上课的时候，除了科学上的一些专有名词以外，他始终坚持用中文讲解。有一次，上课的时候，一个学生叫他"Mr.李"，叫了几声，他就问那个学生叫谁？那个学生说："叫你。"李四光说："你可以称我老李、小李或阿猫、阿狗什么的，但是我不准你叫我'Mr.李'。"

要多做好事

刚刚过完一个热热闹闹的元宵节，睡到半夜，突然听到隔壁邻居的惊呼声：

"起火了，起火了！快来救火啊！"

小仲揆全家赶紧起床救火。原来是隔壁河南太婆家里的火冲破了房顶——她的孙子白天玩鞭炮，一个炮仗落到了柴草垛里，当时没有在意，半夜里却着起火来了。

浓烟大火就发生在隔壁，农村里谁家不是木头架子草棚的顶，怎么不惊慌啊！大家急急忙忙，有的往外搬东西，有的赶紧挑水救火。

慌乱中，突然不见了小仲揆，妈妈的心里惊疑不定："这孩子，他跑到哪儿去啦？"经过七

手八脚的抢救，火熄灭了，人们也渐渐散去，情绪逐渐稳定下来，妈妈这才看到，小仲揆也走出来了。只见他脸上左一块黑灰、右一块黑灰，鞋子全湿了，衣服上也是连水带泥，手里提着一只小桶，桶里放着一只瓢。"孩子，你上哪儿啦——你也去救火了吗？"母亲惊呼着。小仲揆不声不响地点点头。

母亲赶紧把他拉到自己身边，抚摸着额头上被火焰烧焦了的头发，心疼地说："孩子，你还不到10岁，人比桶也高不多少，怎么能去救火啊！"

"我从塘里提半桶水，顺着搭在房后的梯子爬到房顶上去，用瓢一瓢一瓢地往上面泼水。泼完了，我再去提一桶水。"

"嗨！真难为这个孩子了，他怎么提得动这么一桶水啊！"

"他怎么爬得上那么高的梯子啊！"

当邻居的大人们正在七嘴八舌夸奖小仲揆的时候，他却溜走了——去看看遭到不幸的河南太婆的一家怎么样了。

他看到，河南太婆从大火里被匆匆忙忙抢救出来的时候，没有来得及穿棉衣，此时正围着一床烧破了的旧棉被坐在那里，冻得瑟瑟发抖。

小仲揆走到自己的奶奶跟前，轻轻地对奶奶说："婆婆，河南太婆没穿棉衣，您给她几件衣服吧！"

奶奶看了看这个懂事的孩子，走到自己刚刚抢救出来的包袱跟前，从不多的衣服当中，找了几件可以御寒的衣服递给小仲揆。他抱着这几件衣服，赶紧跑到河南太婆那儿去了。

这是在学馆里。一天晚上，入睡以后，仲揆在朦胧中仿佛感到有人在拉他枕着的衣服，他并没有在意。可是睡在他身旁的同学被惊醒了，原来有小偷来偷盖在他们被子上的衣服。

手脚快的同学赶紧爬了起来去捉这个小偷，不一会儿，小偷果然被抓回来了，他衣衫褴褛，被反扭着双手，并且显然已经挨了打，鼻青脸肿。很快，大家七手八脚地把小偷吊到了树上。有人还在叫着："非得打他一顿不可！"

李仲揆在吵吵嚷嚷中却返身走进了屋子，只见他端出来了一张凳子。

"他这是想干什么？"有的同学在悄悄议论。

李仲揆不声不响地将凳子放在被吊在树上的小偷的脚下，使他不至于悬空晃荡着。

这下子使得那些叫绑叫打的人泄了气，人群渐渐散开了。

李仲揆把绑着小偷的绳子解了开来，让他自由，然

后既诚恳又认真地对他说：

"你莫要做坏事，做了坏事，人家就要打你；你要多做好事，别人才会对你好。"

小偷的眼眶里泪如泉涌，向李仲揆鞠了个躬，就跑了。

那些爱打闹的学生感到十分扫兴，他们抱怨李仲揆说：

"他偷人家的东西，而且还想偷你的东西，你还去帮他。"

仲揆没有申辩。

也有人好奇地问李仲揆说："那时你为什么要这样做呢？"

"我看见他穿得那么破旧，又那么瘦弱，他被吊着，还挨打，太可怜了，心里不忍。"小仲揆天真地回答。

"你放了他，他到别处去还会继续偷的，不教训他一顿，他改不好。"

"我想人总是希望能够像人一样的生活。要不是生活逼迫，也许不会走这条路。我希望他以后会做一个好人。"李仲揆和善地回答说。

求学去

"喔喔喔！喔喔喔！"蜷缩在鸡窝里的大公鸡，把插在翅膀底下的脑袋伸出来，扑扑翅膀，打响了黎明前的鸡鸣！

　　山坎下的那间小破屋里，点着一根灯草的油灯，一直亮到这会儿。仲揆的妈妈缝完了最后一针，咬断了线头，把针别好。这原是她陪嫁时的衣服，如今给即将出门去求学的小仲揆改缝了一件棉袄。她将棉袄折好，又将几件已经缝补好的换洗衣服打成一个小包袱，就去灶膛底下点火做饭。

　　今天，她要送仲揆离开家乡到武昌去求学。这件事来得真是太突然了。前两天，仲揆从爸爸的学馆里回来，兴高采烈地对妈妈说："妈妈，我听城里回来的人说，两

湖总督张之洞在武昌办了几个官费小学堂，那里教国文，教洋书，学得好的，还能出洋留学呐！爸爸让我上那儿考学去。"

"你到武昌去考学？"妈妈又惊讶，又为难地说，"钱呢？"

"妈妈，那是官费小学堂，不收学费，也不收饭费。"

"傻孩子，学堂不收费，连盘缠钱也不要吗？这笔钱又在哪里呢？"

"那——"小仲揆想了想，还是决心试一试，"我去找下湾的陈二爹借几个盘缠钱。"

母亲默默地同意了。陈二爹是李仲揆的发蒙先生，一向就喜爱这个好学的孩子，于是慷慨地借给了他。

不一会儿，小仲揆也起床了。今天必须赶个大早，先走25里旱地赶到团风，才能赶上由团风开到武昌去的轮船。

妈妈叮嘱他说："孩子，这回你是独自一人去武昌求学，离家远，那儿又没有亲人，你要自己照应自己，敬老师，爱学友，好好读书。"

"妈妈，我一定好好念书。"

告别了妈妈和家里的亲人，小仲揆背起一个小包袱，夹上一把旧雨伞，上了路。

他，天庭饱满，鼻梁挺直，两只大眼睛晶莹闪亮，脑后梳着一条乌黑的大辫子。今天，他身穿蓝布衣袍，青布背心，脚下是母亲做的布袜和毛边布鞋。衣着虽然俭朴，却已是一位英俊的少年。

他走过家旁经常去浇水的菜地，经过常帮妈妈提水和钓鱼的池塘，穿过村上的那个小茶亭，踏上了通向回龙山街的崎岖小路。

东方露出了鱼肚色，蜿蜒起伏的回龙山在朦胧的晨曦中显得苍苍莽莽，耕地的农民已经把牛牵了出来，手扶着犁杖在田埂上慢慢地走着。挑担赶集的人，也已稀稀落落地走在大路上。小仲揆的妈妈站在高处，手搭凉棚眺望着，她那亲爱的儿子正在向着远方走去。

再见，可爱而又贫困的故乡回龙山！

李四光就这样走了，他踏遍了祖国的青山，走出了一条属于中国的地质道路。